¡Ssssssh hhhhhhhhhhh!

Haz del teatro algo íntimo

Llévalo siempre en el bolsillo

Cubierta y diseño editorial: Éride, Diseño Gráfico
Dirección editorial: ángel jiménez

Primera edición: febrero, 2025

teatro breve. Volumen II
© Herederos de Enrique Jardiel Poncela
© VdB, 2025
Espronceda, 5
28003 Madrid

VdB®

ISBN: 978-84-19850-88-1
Depósito Legal: M-5809-2025
Diseño y preimpresión: Éride, Diseño Gráfico

 Este libro protege el entorno

teatro breve
Volumen II

Edición de Enrique Gallud Jardiel

Enrique Jardiel Poncela
Madrid, (15-10-1901/18-02-1952)

Escritor y dramaturgo español. Su obra, relacionada con el teatro del absurdo, se alejó del humor tradicional acercándose a otro más intelectual, inverosímil e ilógico, rompiendo así con el naturalismo tradicional imperante en el teatro español de la época. Esto le supuso ser atacado por una gran parte de la crítica de su tiempo, ya que su humor hería los sentimientos más sensibles y abría un abanico de posibilidades cómicas que no siempre eran bien entendidas. A esto hay que sumar sus posteriores problemas con la censura franquista. Sin embargo, el paso de los años no ha hecho sino acrecentar su figura y sus obras siguen representándose en la actualidad, habiéndose rodado además numerosas películas basadas en ellas. Murió de cáncer, arruinado y en gran medida olvidado, a los 50 años.

De entre sus casi 50 obras estrenadas destacamos *Usted tiene ojos de mujer fatal* (1932), *Angelina o el honor de un brigadier* (1934), *Cuatro corazones con freno y marcha atrás* (1936), *Un marido de ida y vuelta* (1939), *Eloísa está debajo de un almendro* (1940), *Los ladrones somos gente honrada* (1941), *Madre (el drama padre)* (1941), *Los habitantes de la casa deshabitada* (1942), *Blanca por fuera y Rosa por dentro* (1943), *Tú y yo somos tres* (1945) o *El sexo débil ha hecho gimnasia* (1946).

ENRIQUE JARDIEL PONCELA

teatro breve

Volumen II

Índice

REGLAS Y FÓRMULAS PARA HACER TEATRO

El pecado de doña Clara

Manera de hacer un drama
en el que muere la dama.

Léase siempre el nombre de los personajes al tiempo que el diálogo para que resulte verso.

Hacer un drama es sencillo. Estén un segundo atentos. La acción es en un castillo y hacia el año mil doscientos. Los protagonistas son don ÍÑIGO *de Antequera y su esposa, la hechicera* DOÑA CLARA *del Rincón. Se alza el telón y al instante penetran* ÍÑIGO *y* CLARA. ÍÑIGO *viene delante y el que lo mire repara que el pobre tiene una cara de lo más despachurrante. Hay una pausa profunda, muy propia de la Edad Media. Grazna una corneja inmunda. Se mastica la tragedia. El autor que sea ducho usará las pausas mucho.*

ÍÑIGO   ¡A comenzar voy!

DOÑA CLARA Me asustáis...

ÍÑIGO   ¿Tan feo soy?

DÑA. CLARA   Ya tomáis lo dicho en otro sentido. ¡Sabéis cuánto os he querido, a pesar de vuestra faz, que asusta al más atrevido!

ÍÑIGO   ¡Sois tan falaz como siempre he suponido!

(Comprenderá el lector al leer esto que es una licencia en poesía, porque poniendo 'supuesto' la palabra en cuestión no rimaría.)

DÑA. CLARA   Y bien, señor; ¿para qué en vuestros coloquios usáis esos circunloquios que me llenan de temor?

ÍÑIGO   ¡Pues, voto al cielo que desde lo alto nos mira! Para contener la ira, que en esto nací a mi abuelo y cuando me suelto el pelo, hasta el más bruto me admira...

DÑA. CLARA   Por favor.

ÍÑIGO   Mas, desde ahora, haré espina de la flor, dejaré escapar la ira... Porque he sabido, señora, que me habéis sido traidora...

DÑA. CLARA   ¡Eso es mentira! ¡Una infamia! ¡Una impostura!

ÍÑIGO   ¡Cómo me admira tan insólita frescura!

(ÍÑIGO se muestra altivo y el diálogo ha de ser vivo.)

DÑA. CLARA   ¿Qué decís?

ÍÑIGO   Ya supondréis...

DÑA. CLARA   ¡Es que mentís con eso que sostenéis!

ÍÑIGO   ¡No lo neguéis, porque ya estoy en un tris de daros las veintiséis bofetadas que sabéis que os di, hace un año, en Asís!

(Cuando acaba él de expresarse, debe la dama extrañarse; lo que hará que su marido se muestre aún más ofendido.) ¡Sois una dama y no habrá quién me convenza, que ignora lo que es vergüenza!

DÑA. CLARA   Esto me escama...

(Esta frase es un aparte. Hay que decirla con arte y así el público repara que es culpable DOÑA CLARA. ÍÑIGO *se pondrá serio para decir a su esposa cómo averiguó la cosa concerniente al adulterio. Y aquí viene el truco mágico: lanzar una parrafada que debe ser declamada en un diapasón muy trágico, y en la cual, a ser posible, se debe hablar del destino, del mundo suprasensible, de lo fatal y del sino, porque el público es terrible y le gusta lo indecible oír quejarse al vecino.)*

ÍÑIGO   ¡Ay, mi sino desdichado! ¡Ay, mi destino implacable! Desde que nací he rodado, miles de tumbos he dado y al puesto más miserable por mis puños he llegado. En edad temprana y moza me casé con Clara Orduna y con Clara de Mendoza y, después, en Zaragoza, me casé con Clara Luna. ¡Pero jamás la fortuna me acompañó con ninguna y esto mi pecho destroza! Aún al pensarlo, me irrito de un modo fenomenal: las tres jugaron a chito con mi fe matrimonial. Mas de ningún acto suyo se afanaron las cuitadas, porque yo abatí su orgullo de otras tantas cuchilladas. Y el que a tres damas preclaras abatió, no queda atrás... ¡Quien ha abatido a tres Claras podrá abatir una más!

(*Ahora conviene una réplica entrecortada y colérica.*)

DÑA. CLARA   Pero si... ¡Oh, qué odioso proceder!

ÍÑIGO   Vais a saber lo que guarda mi tahalí... (*ÍÑIGO saca un mandoble y ya ha llegado la ocasión de que lance hacia la innoble una franca acusación.*) ¡Ayer noche alguien me dijo, dándome las señas fijas, que vuestro novio es el hijo de Fernández de Clavijo, ese que vende torrijas...!

DÑA. CLARA   ¡Recinema!

ÍÑIGO   En vuestra cara acabo de advertir, Clara, que he dado en la misma yema. ¡Y en prueba de mi razón, os pincho en el corazón! (*ÍÑIGO, brutal, la hiere y DOÑA CLARA se muere. Pero no baja el telón, porque en la literatura esto es siempre coyuntura de una larga relación. Y ante un bello cuerpo inerte, todo autor que sea pillo escribe un canto a la muerte, a modo de latiguillo.*) Muerte, ¡terrible misión que hay que cumplir con tesón como toda obligación, sin

que importe situación ni clima ni población
ni buena alimentación! ¡Ya rompiste el esla-
bón que enlazaba un corazón con el otro corazón de la misma dimensión! ¡Ven a mí sin
dilación y cumple tu obligación!

(*Le da una atroz convulsión y muere de in-
flamación súbita del epiplón. Así desciende el
telón.*)

La fórmula acaba aquí, con el último pluma-
zo. Escriban el drama así, y a ver si gracias a
mí consiguen un exitazo.

APUNTES PARA UN MANUAL DE PSICOLOGÍA

El adulterio

Lugar de acción Un despacho decorado con gusto y con cretonas.

Personajes

EL QUE HABLA POR LOS CODOS Hilario Pozoblanco, caballero de unos treinta y seis años, culto, agradable, incapaz de encolerizarse más de dos veces al mes, fino de espíritu y tierno de corazón. Uno de esos hombres en los que las mujeres no suelen encontrar grandes atractivos.

EL QUE CASI NO HABLA Soledad Suárez, conocida por «Solita» y también por «la de Pozoblanco», mujer de treinta años pasados sin dejar señal. Estatura regular, cuerpo regular, nariz regular, boca regular, ojos regulares, inteligencia regular, bondad regular.

Antecedentes y situación de los personajes

HILARIO *Pozoblanco, casado con* SOLEDAD *Suárez, acaba de descubrir ese detalle universalmente conocido: su mujer lo engaña con otro.* HILARIO *iba en un tranvía; le habían dado un capicúa de cinco nueves y en aquel momento estaba persuadido de ser un hombre de suerte. Siete minutos después, cuando el tranvía pasaba a toda marcha por la Castellana, ha visto a su mujer cogida por el brazo de un individuo perfectamente desconocido y en esa actitud de contemplación embelesada, exclusiva de los amantes recientes y de los coleccionistas de sellos.* HILARIO *ha tenido tiempo de arrojarse en marcha del tranvía, de lanzarse sobre la adúltera y sobre su acompañante y de representar una de esas escenas sangrientas que suelen motivar la actividad de los fotógrafos de los periódicos ilustrados. Sin embargo, Hilario no se ha movido de su asiento, porque, al ver el grupo, ha caído en un estado de inconsciencia tan grande que, al final del trayecto, el cobrador ha tenido que acercársele y decirle: «Caballero puede usted largarse, que ya hemos llegado». Luego ha andado por no recuerda qué calles, y por fin ha detenido un taxi y se ha trasladado a su casa. Ahora está en su despacho.* SOLEDAD *no ha llegado e* HILARIO, *ya repuesto de la sorpresa, se dedica a esa peligrosa*

*ocupación que se llama razonar. Son las siete de
la tarde, según declara el Longines de* HILARIO.

HILARIO   (*Sentado, encendiendo un cigarro.*) Bueno... ¡
Bueno! Para que uno se fíe. Pues nada, está
visto. Me engaña. ¡Qué...! Bueno. ¡Está bien!
(*Una pausa. Las pausas significan que* HILARIO
no piensa nada.) ¡Está muy bien! Me engaña...
Soledad me engaña... (*Tatareando, siempre mentalmente.*) «La Voz, caballero, / La Voz, ande,
cómpreme, / que trae todos los detalles / del
crimen que ocurrió ayer...» Claro que cuando venga, la estrangulo. La muy... Por supuesto, si lo que le ocurre es que es tonta. Porque
solo una mujer que es tonta se lanza a pasearse con su amante por la Castellana, a las cinco de la tarde y sabiendo que yo salgo todos
los días. Y a lo mejor la ha visto cualquier conocido. (*Levantándose de pronto, excitadísimo.*)
¡Si no me valiera más cogerla y...! (*Le da un
puntapié a una silla y la rompe.*) Vaya... Ya la
he roto. Claro, y romperé todo lo que se me
ponga por delante. (*Va a la librería maquinal-
mente, coge un libro de «Pensamientos celebres»
y lo abre. Lee al azar:*) «La mujer comienza
donde acaba el cielo.» Víctor Hugo. (*Tirando
el libro.*) ¡Este tío era idiota! Los hombres cé-
lebres... Si no hubiera habido hombres céle-
bres, el mundo tal vez tendría sentido común.
¿Y quién será ese tipejo? («*Ese tipejo» es el
acompañante de* SOLEDAD.) Vamos, a mí que no
me digan: ¿qué motivos tenía ella para enga-
tusarme? Porque, ¡caramba!, yo no me porto

mal... Que me enfado a veces... Y ella, ¿no se enfada? El lunes me echó una chillería porque puse los pies encima de una butaca. ¡Y a ella no le importa poner los pies sobre mi honor! Esto que he dicho es una imbecilidad. ¿Cómo se me puede haber ocurrido esa majadería? *(Bajo los balcones pasa un vendedor ambulante pregonando no se sabe qué.)* ¿Qué pregona ese tipo? *(Se asoma a los cristales del balcón.)* ¡Ah! Perchas para la ropa... Pues no creo que haga falta gritar tanto para eso. Perchas para la ropa... Perchas para la ropa... ¿Y ese hombre vivirá exclusivamente de vender perchas para la ropa? Se ve cada cosa rara. *(Mirando su reloj.)* Las siete y diez. Pensar que a estas horas estará todavía con el otro... *(Una pausa mental.* HILARIO *se sienta en una butaca y de pronto se echa a llorar con grandes hipos.)* ¡Mamá! ¡Mamá! ¡Mamá! ¡Mamaíta mía! *(Su vista se fija en el mosaico del suelo y sigue el dibujo de los baldosines.)* Debe ser difícil inventar un dibujo de esos. Y tiene gracia cómo se unen las baldosas para formar las flores de los lados... ¡Ah! Cuando ella venga... ¡Cuando ella venga! Vendrá tarde. Y me dirá esa idiotez que dicen las mujeres en estos casos: que ha ido de compras. ¿Qué se puede esperar de unos seres que gozan comprando cosas? De pronto, ¡pum!, ven una tela y se entusiasman. Una tela. ¡Hay que ver la trascendencia que le dan a una tela! Le diré cuando venga: «Te he visto; márchate de esta casa y no vuelvas a acordarte de mí...» Y ella se echará a llorar y a decir: «¡Dios mío! ¡Dios mío!» ¡No! Si llora, ¡la mato! ¡¡La mato!! Lo que voy a hacer es disimular y, cuando estemos comiendo y me vaya a pedir el salero, le diré: «Pídeselo a ese señor con el que ibas esta tarde por la Castellana...» *(Levantándose airado.)* ¡Soy un imbécil! ¿Cómo le voy a decir esa sandez? Me duele la cabeza. Si me suicidase... *(Coge su pistola y la monta.)* A ver si es verdad que el cañón está frío... *(Se lo apoya en la sien.)* ¡Huy, sí! ¡Qué frío está! Pero, bueno, me mato y ¿qué? Un jaleo en la casa. Entrarán los vecinos, la portera... El juzgado... Y, además, todos supondrían que ella me engañaba. Sí, después de todo, es verdad. Cuando venga, la insultare, la llamaré todo lo que se me ocurra. ¡No! Llegaría un momento en que ella creería que incluso había hecho bien engañándome... Aunque... Pero... Sin embargo... Pues, señor, ¡bueno! Le expondré todas las bondades que he tenido para con ella, todos mis sacrificios, todas las cosas agradables que le he podido lograr, y luego le diré: «En premio tú has hecho esto; ahí te quedas; ya encontraré otra mujer que me sepa apreciar...» ¡Que me sepa apreciar! ¡Ruin! Bueno... *(Apoyándose en la pared, como un niño castigado.)* ¡Dios, Dios! Y con lo que yo la he querido... Con lo que yo la quiero... A lo mejor se casó conmigo para lucir el traje blanco el día de la boda. *(Suena un timbre dentro.)* ¡Ella! (HILARIO *se estremece; tiemblan sus manos, sus labios y sus rodillas. Siente que no puede tragar bien la saliva. Larga pausa. Dentro se oye la voz de* SOLEDAD, *que pregunta a la doncella:* «¿Subió usted mis zapatos?». *Luego un silencio, luego la voz de* SOLEDAD *otra vez:* «Pues baje usted antes de que cierren». *Entra en el despacho* SOLEDAD. HILARIO *la mira y en un segundo piensa todo esto):*

HILARIO   (*Aparte.*) ¿Y esta mujer tiene atractivos bastantes para que nadie se enamore de ella? ¡Qué rica! Ahora me parece un gato, un gato que pide de comer y luego da un arañazo. ¿Vale la pena de preocuparse porque le arañe a uno un gato? No vale la pena de preocuparse...

SOLEDAD   Hola. ¿Qué hay?

HILARIO   (*Perfectamente tranquilo.*) Ya ves. Lo que tú digas.

Las fases del amor

11 de septiembre de 1927.

ÉL   (*Que está concluyendo un largo párrafo.*) ... y no veo más resplandor que el sol de sus ojos, ni oigo otra música que la de su voz, ni concibo un perfume que no sea el de sus cabellos...

ELLA   (*Abriendo los ojos burlonamente.*) Pero, amigo mío, eso es una declaración en toda regla.

ÉL   (*Confuso.*) Llámelo usted como quiera.

ELLA   Hasta ahora, esas cosas solo me las habían dicho por carta.

ÉL   Sí. Es la costumbre. Los servicios postales viven gracias a las cartas de amor que escriben los hombres a las mujeres y a las peticiones de dinero que dirigen los hijos a los padres. En fin... (*Golpeándose un zapato con el bastón.*) Ya comprendo que hago mal exigiéndole una respuesta inmediata, pero no sabría esperar... (*Con una mirada profunda.*) ¿Es que no querría usted ser nada mío?

ELLA   (*Con la soberbia del vencedor que siempre dicta frases humillantes.*) ¿Por qué no? Sí querría ser algo suyo. Querría ser su viuda.

***

23 de septiembre de 1927.

ÉL   No. Ya no aspiro a nada, porque no creo que usted pertenezca a ese grupo de mujeres que se niegan por la vanidad de negarse.

ELLA   Ciertamente que no pertenezco a ese grupo. *(Suspira.)* Sin embargo... Como probar el amor de un hombre no es fácil...

ÉL   *(Avanza un paso.)* ¿Decía usted?

ELLA   *(Sonriendo.)* Es usted un niño... Es usted incapaz de ocultar un pensamiento... ¿Por qué no me dice de una vez que me quiere?

ÉL   Se lo he dicho a usted sesenta y tres veces.

ELLA   ¿Es posible?

ÉL   ¡Chas! *(Esto quiere decir que la ha abrazado de pronto y que le ha colocado un beso. Después de hacerlo, retrocede confuso.)* Ha sido una locura, un...

ELLA   Ha sido un beso. Pero, ¿por qué los hombres nos dan siempre el primer beso en la comisura izquierda?

***

15 de octubre de 1927.

ÉL   ¡Oh! Pensé que no venías. Me has hecho sufrir mucho...

ELLA   ¿Sí?

ÉL   Traes un sombrero precioso. Estás encantadora.

ELLA   Pues a mí me parece que no está bien.

ÉL   ¡Qué tontería! Ninguno te hace tanta gracia como ese. Yo mismo te lo quitaré... *(Se lo quita y lo deja con suavidad, como si dejara un merengue, sobre un mueble cualquiera.)* ¡Y el vestido es magnífico!

ELLA   *(Se pavonea.)* ¿Tú crees?

ÉL   ¡Maravilloso!

ELLA   ¿Me trajiste cigarrillos?

ÉL   ¡Qué pregunta! Ahí los tienes.

ELLA   ¡Oh! «Abdullas del 28»... ¡Te has acordado hasta de «mi» marca! ¿Los zapatos, te gustan?

ÉL   Me enloquecen.

ELLA   ¿Y el bolso?

ÉL   Es lo más genial que se ha lanzado al merca-
do. Parece mentira que se construyan cosas
tan estupendas.

(Etc., etc.)

***

26 de diciembre de 1927.

ÉL   Pero, hija, ¿por qué has de hacerme esperar
siempre? Me he leído una serie de «Dick Tur-
pin». Haz el favor de pensar en lo aburrido
que es estar solo esperando, mujer...

ELLA   Perdona; es que tomé un taxi que era una
chocolatera. ¿Qué tal? ¿Me sienta bien este
sombrero?

ÉL   Sí. Te sienta bien.

(ELLA se quita el sombrero.)

ELLA   Pero, ¿bien por cumplir o bien de veras?

ÉL   Bien, mujer, bien; no voy a andar ahora con
cumplimientos.

ELLA   No me dices nada del vestido.

ÉL   Es bonito.

ELLA   Me ha costado cuatro veces más que los zapatos. ¿Adivinas?

ÉL   Criatura, yo no soy tasador...

ELLA   Pero los zapatos ¿te gustan?

ÉL   (*Distraídamente.*) Sí. ¿A cuántos estamos hoy, oye?

ELLA   A veintiséis.

ÉL   ¡Qué largo se me hace este mes!

          (*Hojea el calendario.*)

ELLA   ¡Anda! ¿No me has traído cigarrillos?

ÉL   Se me ha olvidado. Pero los míos no son malos.

ELLA   ¡Quita, por Dios! ¡Son fortísimos!

ÉL   ¡Tienes unas manías! ¿Qué más darán unos que otros?

***

4 de febrero de 1928.

ELLA   ¡Te estoy esperando desde las cinco!

ÉL   Sí. Me he retrasado.

ELLA   ¿Dónde estuviste?

ÉL   (*Desdobla el periódico y lo repasa.*) Por ahí...

           (*Pausa.*)

ELLA   ¿Qué leías?

ÉL   Nada determinado...

           (*Deja el periódico, se pasea silbando y, por fin, se sienta en una butaca.*)

ELLA   ¡¡Ay!! Levántate...

ÉL   ¿Qué pasa? ¿A qué vienen esos gritos?

ELLA   ¡Te habías sentado encima de mi sombrero y es nuevo, hombre!

ÉL   ¡Ah! No me había fijado.

ELLA   ¿Te gusta? ¿Y el vestido? ¿Y los zapatos?

ÉL   Hija mía, no piensas más que en los zapatos. Antes no eras así.

ELLA   Pues tú serás el que me has cambiado, porque...

ÉL   ¡Bueno! No quiero discutir... (*Con gesto de contrariedad.*) ¡Vaya por Dios!

31

ELLA   ¿Qué te ocurre?

ÉL   Se me han acabado los cigarrillos y no me he
            acordado de comprar.

ELLA   Toma. Yo tengo aquí.

ÉL   Me fastidia este tabaco turco; pero, en fin.

            (*Enciende un cigarrillo.*)

***

18 de abril de 1928.

«Sr. D. Él: ¡Esto es intolerable! Hace quince
días que no consigo echarte la vista encima.
Es preciso que nos veamos para poner fin a
esta situación irresistible. Te espero el sábado. Tu Ella.»

***

20 de abril de 1928.

ELLA   Ya era hora, hijo mío... Dichosos los ojos...

ÉL   Te advierto que si pretendes hacerme una es-
            cena, me voy.

ELLA   Tú te has cansado de mí...

ÉL   ¿Ya estamos con la canción de siempre?

ELLA   ¿Es que ya no quieres ser nada mío?

ÉL   ¿Por qué no? Querría ser tu viudo.

ELLA   ¡Dios mío! ¡Dios mío!

(Una hora de llanto torrencial.)

ÉL   *(Logra por fin consolarla.)* Ea, no hay que ponerse así... Si yo te quiero todavía, mujer...

(La besa rápidamente, ligeramente.)

ELLA   *(Pensativa.)* ¿Por qué los hombres nos darán siempre el último beso en la comisura derecha?

MONÓLOGOS

El vestido largo

ROSARIO *es una muchachita de unos dieciséis años a quien, algo prematuramente, han puesto de largo sus padres. Está desesperada, con una rabia sorda y muda que la hace pegar en el suelo con el tacón de su zapatito; a pesar de eso,* ROSARIO *está sencillamente riquísima con su moño alto y su aspecto delicado de ingenua. Sale por el foro, por la derecha o por la izquierda: la actriz elegirá la puerta más de su agrado, y con el entrecejo ligeramente fruncido le dirige al público esto que sigue y algunas cosas mas.*

ROSARIO   (*Muy compungida.*)
El día, día fatal
en que la edad natural
me privó de ser lo que era
y pasé de tobillera
a ser persona formal
quedó grabado en mi mente
de un modo tan fehaciente
que aún recuerdo con horror
la llantina que el dolor
me hizo verter inclemente.
Pues como yo suponía,
esta estúpida manía
que tienen nuestros papás
nos daña bastante más
que daña una pulmonía.

(*Dirigiéndose a las damas del público.*)
Y, por si entre estas señoras
existen espectadoras
con posible descendencia,
les dicto con complacencia
las causas comprobadoras.
Yo de mí les sé decir
que en el modo de vestir
que adopta toda mujer
está, como van a ver,
la alegría del vivir,
pues yo, siendo tobillera,
tan alegre y feliz era
como ahora soy desgraciada
con esta moda endiablada
de muchacha casadera.
Llevando corto el vestido,
(*Se sube un poquito la falda.*)
suelto el pelo, y recogido
con bucles a los dos lados,
pecho y brazos descotados
con artístico descuido;
mostrando las pantorrillas
de los pies a las rodillas
calzadas en negras medias
—Medias que enseñan a medias
las sonrosadas canillas—
y llevando con constancia
un aire de ingenuidad
y de supina ignorancia,
como acostumbra la infancia
a llevar en esa edad,
con un poco de fortuna

los hombres se van tras una
víctima de un amor ciego,
sin perjuicio de que, luego,
como premio a su querencia
les dejemos a la luna,
a la luna de Valencia.
(*Pausa.*)
Y, pues queda demostrado
que la mujer ha soñado
siempre con verse asediada
por toda una carretada
de siervos que haya flechado
con la luz de su mirada,
nada mejor que esta edad
todo candor y bondad,
libre de toda inquietud
y llena de juventud,
de gracia y de libertad.
Porque, ¿qué mujer podría
cuando se sube al tranvía
(*Con aire muy respetable.*)
enseñar la pierna entera
con gentil coquetería
«si no fuese tobillera»?
¿Qué mujer habrá llegado,
viendo a un hombre de su agrado,
a sonreírle hechicera
con infantil desenfado,
«si no fuese tobillera»?
¿Qué mujer habrá podido
besar a algún conocido
en la calle, en plena acera,
libre de escándalo y ruido,

«si no fuese tobillera»?
¿Qué mujer, por fin, podrá
estar libre de mamá
para hacer lo que ella quiera
sin tacharla de ligera
ni aconsejarla papá
«si no fuese tobillera»?
Y la muchacha formal
tiene un aire señorial,
no ríe, no se divierte,
y, cuando en la casa advierte
algo que ella encuentra mal,
adopta un gesto estatuano,
riñe a los niños y a Blasa
—que es la criada— y se pasa
el mes junto al calendario
contando el gasto diario
y haciendo de ama de casa.
(*Muy enfadada.*)
Y yo por eso no paso,
prefiero mi libertad
a esa tonta seriedad
de la que nadie hace caso,
y como abjuro ese cargo
me declaro en rebeldía,
destrozo el vestido largo
y persisto en mi manía
de seguir mi vida entera
siendo —siempre— tobillera;
y en cuanto yo tenga hijas
les forzaré las clavijas
y... las vestiré de encargo,
que, aunque el trance sea amargo,

conseguiré lo que quiera
yendo yo de tobillera
y vistiendo ellas de largo.

(Hace un mohín de rabia y se va por donde entró; si el público la aplaude debe salir a saludar, si no se irá a su cuarto a vestirse de calle y yo la acompañaré en el sentimiento.)

Intimidades de Hollywood

Proyección de un letrero que dice: «PRESENTA-CIÓN DE CATALINA BÁRCENA». Proyección de Catalina, *en panorámica, avanzando hacia la cámara. En un momento dado, cuando la figura proyectada ha adquirido tamaño natural, se borra la proyección, se encienden los focos y continúa avanzando hacia la batería* Catalina *en persona. Luz a todo el escenario. Como es natural, el público, al verla, rompe a aplaudir. Ella se inclina.*

Catalina   Gracias, muchas gracias; son ustedes muy amables... *(Lanzando una ojeada a su alrededor.)* Y el teatro es precioso... Y las butacas, muy cómodas. Y los acomodadores, muy bien educados. *(Suspirando dramáticamente.)* ¡Ay! Todo lo encuentra una mejor que nunca cuando vuelve, de tal manera, que para conseguir que las cosas sean perfectas no hay mejor sistema que abandonarlas; por eso la historia casi siempre es gloriosa, y por eso hablan tan bien de sus maridos las viudas. Súbitamente alarmada. Pero, ¡por Dios!, no vayan a figurarse ustedes que yo aconsejo la viudez... ¡De ninguna manera! Separarse de ellos a temporadas, para que comprueben por sí mismos la tragedia que es un armario revuelto, eso sí. Pero la viudez, no; lo negro mancha muchísimo.

Y los viajes sin vuelta, tampoco. Volver es la gran delicia de los viajes: ese momento en que se decide «salimos el lunes», y se empieza a dar vueltas, y a disparar órdenes, y a arrastrar baúles, y a llenar de ropas todas las sillas, y se anda de cabeza, se pierde la cabeza, no se sabe dónde se tiene la cabeza, y acaba una con dolor de cabeza. Prisas. Prisas. «Ya sabemos que salimos el lunes». Un baúl completo; dos baúles; ocho baúles. Entonces se ve que todavía queda ropa para seis baúles más. Y una pide: «¡Baúles, baúles!». Y vienen amigas. «Perdona que no te atienda, hija; pero como salimos el lunes...». Y telefonazos preguntando. «Sí, sí; salimos el lunes». Y el sábado y el domingo, sin dormir. Y por fin, el lunes queda todo listo. Y entonces se entera una de que no se sale hasta el viernes.

Después, el tren; esos inmensos trenes de Estados Unidos, llenos de americanas viajeras y de viajeros sin americana. Durante los cuatro días de tren, se cruza todo el país, y se pasa por encima del río Mississipí y del Missouri. Yo siempre pido que me avisen, pero todavía no he conseguido verlos. Deben de ser ríos de esos que se acuestan temprano.

Luego, Nueva York, con sus calles enormes, su tráfago y sus rascacielos.

Y por fin, el barco: un barco, como todos los barcos, con señoras que se cambian de vestido ocho veces al día y caballeros que se aprietan el nudo de la corbata al mirarlas.

Cinco días más, y tierra en el horizonte. La ve una acercarse desde la cubierta, azotada por el viento. El corazón quiere salirse del pecho; el viento intenta arrebatarnos el sombrero; hay que sujetarse el sombrero o el corazón.

Y se sujeta una el sombrero, claro.

Desembarco; gente que habla a gritos; grupos que toman el sol en las esquinas; mal humor; piropos. Es España, con sus defectos y virtudes. La emoción, una emoción casi angustiosa, llena el pecho y se sube a la garganta, y se sigue subiendo hasta los ojos; y se nos sube, al fin, a la cabeza. Entramos en España por Andalucía, y hay que tomarse un gazpacho, que sabe a gloria, y sorberse una caña de manzanilla, que se nos sube también a la cabeza, a hacerle compañía a la emoción.

Y aquí estoy en carne y hueso: un poco menos de carne que de hueso, porque los cinematografistas las prefieren delgadas. Es uno de los dramas de Hollywood. Una española en Hollywood está siempre «very flash»: demasiado gruesa. Antes de ir, en España, como ya lo sabe una, ha procurado adelgazar todo lo posible. Las amistades se han alarmado: «¿Está usted enferma, Catalina?». «Catalina, qué desmejorada la encuentro...». «¿Sí?

Estoy adelgazando; como me tengo que ir a América en julio...». «¿Es que el pasaje lo cobran por kilos?». «No. Es que hay que adelgazar para el cine». «¡Ah, sí, sí! No; si está usted mucho mejor... Una chiquilla». Y luego, en la calle, entre ellas: «¿La has visto?...». «No me hables; parece una boquilla Dunhill». ¡Pues todavía se adelgaza más! Y en el viaje de ida se procura seguir adelgazando. La familia empieza ya a tomar precauciones, y no la deja a una salir a cubierta más que llevando un tomo del «Enciclopédico» debajo del brazo. Si el barco se cruza con otro, todos se agolpan en el comedor para verlo, y cuando una le dice a un viajero: «Perdone usted, que le estoy tapando la puerta», el viajero contesta: «Es igual, señora; veía al trasluz». Bueno, pues en estas condiciones de «peso miraguano» se llega a Hollywood, se entra en los «studios», y todavía se tropieza una con la frase terrible: «¡Oh, miss Bárcena: tiene que adelgazar!». Y media hora después el plan de adelgazar empieza con una; es decir, acaba con una.

Primero, el régimen de comidas: suprimidas las féculas, suprimidas las grasas, suprimidos los azúcares. La carne es tabú. El café, un veneno; eso casi siempre es verdad, porque casi nunca es café. El pan, ni tocarlo; el vino, ni olerlo. La cerveza es la muerte. De los huevos, si acaso, la cáscara. Los bombones, un chupetoncito y dejarlos; pero siempre sin desliarlos del papel.

Una, por fin, se acuerda de Madrid y se pone en jarras. «Bueno, ¿qué es lo que puedo comer?» Y entonces viene el marcar el plan y el seguirlo inexorablemente. Sopa de avena quemada, muy clarita. Una corteza de pan tostado para todo el día. Toronjas. Uva seca. Apios a discreción. Jugo de tomate. De jamón, lo que se saque apoyando el cuchillo en el mismo bordecito del pernil, y retirando el pernil y cortando después. Agua, la que llueva. Y el postre, absolutamente prohibido. Yo cumplo siempre todo el plan menos lo relativo al postre. Suprimir el postre es superior a mis fuerzas. Así es que, después de cada comida, no hay quien me quite mi pastilla de goma de mascar.

Pero esto no es más que la primera parte, que podríamos llamar teórica porque cumpliéndola los alimentos nunca sobrepasan la categoría de substancias teóricamente destinadas a alimentar. Y mientras se practica esa parte «teórica» se miran los alimentos como se miran los cocodrilos y los eclipses: de lejos y para tener algo de que hablar en la mesa... mientras comen los otros.

El régimen de adelgazar consta de una segunda parte práctica; pero muy práctica, practiquísima: el masaje.

El masaje tiene que ser diario, y lo da una mujer acostumbrada a luchar con la vida y a defenderse de ella a golpes. Esa mujer la trata a una como si una fuera la vida.

Las primeras veces toma precauciones esenciales: cierra la puerta con llave y se guarda la llave en el bolsillo, quita de los muebles todos los objetos defensivos, como jarrones, figuras, lámparas, etc.; siempre que habla sonríe, dando confianza, y todavía hace otra cosa esencial en las primeras sesiones: pillarle a una desprevenida, que si no...

Empieza por pegar en las piernas, para que no se pueda correr; por fortuna, se puede dar voces, que siempre es un consuelo.

Luego le pone a una los brazos así, y la cabeza así. En seguida nos tiende sobre una mesa, y agarrándonos de la nuca nos dobla y desdobla rápidamente varias veces, como si abriese y cerrase un libro. Después le coge a una un pie y se lo lleva. Y cuando suelta el pie se pone a aporrearnos de esta forma las caderas y la espalda, sin olvidar de vez en cuando un buen rodillazo, a tiempo, en la cintura.

Una pone el grito en el cielo.

En la habitación de al lado, la familia llora.

Pero, andando el tiempo, la familia se acostumbra. La que no se acostumbra es una misma.

Sin embargo, se acaba por hacer amistad con la masajista, y llega un momento en que, al encontrarla en la calle, se la saluda y todo. Y hasta se interesa una por su salud, preguntándola: «¿Cómo anda usted de fuerzas?». Claro que durante la conversación con ella no se puede evitar el levantar el brazo así de vez en cuando. *(Hace el gesto de alzar el codo que hacen los chicos cuando sienten la inminencia de un cachete.)* Pero la masajista suele ser una buena persona, capaz hasta de tomarle a una simpatía. Cuando eso ocurre, no es raro oírla decir: «Me interesa mucho, miss Bárcena, dejarla a usted contenta, y para ello en la semana próxima prometo pegarle a usted mucho más fuerte». «¡Oh, no sabe usted cómo se lo agradezco!», contesto yo sonriendo así. *(Sonríe con cara de mártir.)* Y lo del agradecimiento, al cabo del tiempo, es verdad. El día que el espejo le dice a una: «Ya no tienes grasas», ese día dan ganas de echar a correr a abrazar a la masajista. Y si no se hace, es porque no se tienen ánimos para correr.

Pero adelgazar es imprescindible; la cámara cinematográfica lo aumenta todo, y el cuerpo de la actriz no es una excepción. Sin la ensalada de apios a todo pasto no existiría Greta Garbo. En el cine, la gloria puede depender de un «beefsteak» o de una ración de croquetas.

Eso sin contar el mal papel que hace una gorda por las calles de Hollywood, en donde el público muestra el mismo interés y la misma curiosidad por el cine que aquí, en París, o en Londres, o en Alcázar de San Juan.

Una actriz, o un actor, andando a pie, produce una congestión en el tráfico. Tres mil señoritas aparecen con tres mil álbunes de autógrafos, en los que hay que poner un pensamiento. Dios sabe a qué grado de locura no llegarían los artistas, si en Hollywood no se vendieran libros titulados así, poco más o menos: «Mil pensamientos para ser escritos en álbunes de autógrafos».

Ese es el mayor encanto de Hollywood: el estar todo previsto.

Y para una mujer que goce yendo de tiendas, Hollywood es el paraíso. En aparatos de cocinas se encuentran colecciones maravillosas. Para sacar huesos; para hacer rellenos; para cortar las patatas de 56 maneras diferentes; para que las naranjas parezcan nueces; para que las nueces parezcan naranjas; para quitarles la cáscara a los huevos; para cortar la carne en forma de pescado; para pintar de azul los limones. Lo que se dice una delicia.

Y todo eso sin contar los «grandes almacenes», donde puede una pasarse todo el día enterito, porque tienen restaurante, peluquería, gimnasio y biblioteca,

¿El inglés? ¿La diferencia de idioma? Eso no es un obstáculo. Para mí, al menos, no ha sido nunca. Con saber decir «thank you», que como ustedes saben, es «gracias»; «how much?», que es: «¿cuánto cuesta?», y «cheap», que es «barato», basta y sobra.

Se acerca una a la señorita, pues en América es muy raro que despachen hombres, y se señala con el dedo el objeto buscado, exclamando: «How much?». La señorita dice una cifra que una no entiende, pero eso no importa. Sin saber el precio, se abren los ojos así, se retrocede un paso, y se protesta: «Oh! Is not cheap». (¡Oh! No es barato.) La señorita sonríe, y dice otra cifra. Es que ha rebajado. Pero una vuelve a abrir los ojos y a retroceder y a protestar «Is not cheap! Is not cheap!». En España, el regateo produce efectos, pero no siempre. En América no falla, y os rebajan hasta lo inverosímil el objeto pedido, u os ofrecen otra cosa de precio mucho más bajo. Claro que casi siempre ocurre que vais a comprar un sombrero, que os hacía mucha falta, y acabáis llevándoos un molinillo de café, que no os hacía ninguna falta, pero ¿y la alegría de que os rebajasen nueve dólares de diferencia del molinillo al sombrero? ¿Y la satisfacción de poder llegar a casa diciendo: «Con este son catorce los molinillos de café que tenemos; pero, hijos, ha sido una verdadera ganga». Se suele guisar en casa hasta cuando hay convidados, y uno de los «números» de la fiesta en estos casos es, precisamente, hacer la comida, en la que interviene todo el mundo, incluidos los caballeros, ¡no faltaba más!; se les pone un delantalillo a rayas encima del «smoking» y están tan monos.

Las cocinas se hallan suficientemente provistas de cacharros, hornos eléctricos, parrillas, «frigidaires», guantes de goma, lavaplatos y secaplatos. También hay rompeplatos: los caballeros que ayudan. Y este es el momento en que se les quita el delantalillo y se les echa de allí diciéndoles que son unos inútiles.

Pero no son unos inútiles los pobrecillos. Es que «actuar» en una cocina americana es tan difícil como actuar en un «studio» cinematográfico.

La primera sensación al entrar en una de esas verdaderas ciudades con restaurantes, talleres de todas clases, guardias para ordenar la circulación y hasta fábricas de luz propias que es un estudio de cine, es la de que todos los demás se han vuelto locos. Luego, cuando se habitúa uno, se convence de que se ha vuelto una loca también, pues solo estando un poco loca se puede aceptar aquella vida como lógica y normal.

Comer en el restaurante entre Napoleón Bonaparte y Cleopatra, eso no ocurre más que en un estudio de cine.

Navegar en un barco de las dimensiones de un barco de verdad, pero que se halla construido en seco, eso no ocurre más que en un estudio de cine.

Perderse en un bosque con árboles y lagos inmensos y descubrir luego que los árboles los llevan hasta el bosque en una camioneta y que los lagos se llenan con manga de riego, eso solo sucede en un estudio de cine.

Coger una gripe por culpa de una tormenta y que esta tormenta está producida con una hélice de aeroplano, tampoco suele ocurrir en el mundo más que en un estudio de cine, pero lo triste es que hay que curarse la gripe con el mismo salicilato con que la curaría uno si la tormenta fuera de verdad.

Por la mañana le presentan a una un alto jefe. «How are you miss Bárcena?», pregunta él muy amable. «Fine», contesta una. Y se va contenta, diciéndose: «Le he sido muy simpática». Pero al mediodía aquel jefe ya no es jefe; y le presentan a una al sustituto. Cuando se ha conseguido «caerle» bien al sustituto ya está, a su vez, sustituido. A veces, en el transcurso de una comida, le presentan a una a tres señores que han ocupado y dimitido en aquel tiempo el mismo cargo. Al salir hay otra presentación todavía. «Pero ¿quién es este señor?». «El jefe. Le han nombrado durante el helado».

Por espacio de dos meses se discute el argumento de una película. Cuando al cabo de dos meses ya queda aprobado, se da orden de trabajo para el día siguiente, y se empieza otra.

A un actor se le hace venir desde Chicago expresamente para un papel, y cuando llega, cobrando por adelantado, se ha suprimido de raíz su papel en el reparto.

De lejos, el cine parece una cosa lógica y fácil. De cerca, es un lío absurdo, de unas dificultades insospechadas.

Las escenas se toman todas cuatro veces, desde cuatro distancias distintas y las cuatro veces hay que encontrar en una misma el gesto igual e idéntica entonación. Un ayudante, siguiendo las órdenes del director y del «cameraman», pega unas cintitas en el suelo: una para cada pie de los actores; eso quiere decir que hay que poner la punta del pie en la cintita y no moverse de allí en toda la escena. Y en el instante en que es preciso echar el alma por la boca y por los ojos para decir: «¡No, Federico! ¡Yo no soy la mujer indigna que tú supones!», una está pensando: «¡Dios mío! Me parece que se me ha salida de la cinta el pie derecho».

La cámara tiene exigencias imprevistas. Se prepara un momento de amor en el que solo se van a ver las caras. Una clava su mirada en el galán, dispuesta a expresar la ternura. Pero entonces interviene el director y suelta un discurso en inglés. Viene a decir, poco más o menos, que, por la colocación de la cámara, si se mira a los ojos, no da la sensación de estar mirando a los ojos. «¡Mire más hacia la derecha, miss Bárcena!». Y una tiene que expresar la ternura mirándole a una oreja al actor.

Durante todo un día se prepara, se ensaya y se resuelve una escena difícil. A media tarde ya está todo listo. Se empieza a rodar. Un grito. ¿Qué ocurre? Es el ingeniero de sonido, que exclama desesperado una serie de cosas que traducidas al castellano quieren decir: «Una mosca. ¡Imposible seguir trabajando!» ¿Una mosca? Sí. Ha entrado una mosca en el estudio y su zumbido, aumentado por los micrófonos, hace inútil todo esfuerzo. Una mosca puede ser la ruina en un estudio. Cien personas se dedican a buscar la mosca gateando por los decorados y en plena desesperación. Se telefonea. Vienen obreros especializados en la caza de moscas y que cobran carísimo. Pero la mosca se oculta Dios sabe dónde. Más telefonazos. La noticia ha corrido como un reguero de pólvora. Los altos jefes braman: «¡Pronto! ¡Que se capture esa mosca! ¡Si esto se sabe en Nueva York pueden bajar las acciones!». Llegan tanques con «Flit». Al anochecer la mosca se rinde. Ha costado siete mil dólares, y se la llevan codo con codo.

Esa mosca ha entorpecido considerablemente la buena marcha de la película. Y como yo no quiero ser una mosca más e impedirles a ustedes ver la función que sigue, me voy antes de que lleguen los tanques de «Flit».

Buenas noches.

La mujer y el automóvil

Una carretera desierta, con un fondo de cortinas negras, para no tener que dar explicaciones acerca del paraje exacto donde se desarrolla la acción. A la derecha, unos arbolitos. En la izquierda, un mojón cuentakilómetros y un poste con un cartel en el que se lee empalme. Es de día. Al levantarse el telón, la escena sola, como ya se ha dicho. En seguida, dentro, en la izquierda, suena el ruido de un motor de automóvil, aumentando en intensidad progresivamente. Esto quiere decir que el coche se acerca, como es natural. Por la izquierda aparece el auto conducido por GEORGINA, *que es una muchacha de veintitantos años, guapa, rubia y provista de cierta distinción, de una boina y de unos guantes de automovilista. Al llegar al centro del escenario, el coche emite unos ruidos extraños, lanza unos chorritos de humo y se detiene en seco.* GEORGINA *manipula en el coche unos instantes y hace un gesto de rabia.*

GEORGINA ¡Vaya! Ya se me ha parado... Y, como siempre que se me para, a la hora de almorzar. Lo mismo me ocurrió ayer, y anteayer, y el lunes, y el jueves. ¿Por qué llamarán automóvil a un chisme que está más tiempo quieto que andando? Claro que también llaman sello móvil a un papelito que se queda para siempre en el sitio donde lo pegan. Y en automovilismo todo es absurdo y una cosa llena de radios recibe el nombre de rueda y, en cambio, otra cosa llena de agua recibe el nombre de radiador. Ahora voy a apretar el arranque y... ya lo ven ustedes: el coche ni moverse. ¿Tendrá la culpa la esencia o tendrá la culpa la chispa? No lo sé, porque la verdad es que de la chispa no entiendo la esencia, y de la esencia no entiendo ni chispa. ¡Huy, me ha salido un juego de palabras! *(Se baja del coche.)* ¡Como si estuviera una para juegos de ninguna clase! *(Mira al auto con ira y con respeto al mismo tiempo.)* Pues lo que es yo, no me tiro debajo del coche a averiguar lo que tiene, porque la práctica me ha enseñado que una no se entera nada de las interioridades del coche, pero en cambio, todo el que pasa se entera perfectamente de las interioridades de una. El año pasado, en una «panne» cerca de Bilbao, hice corro; y al día siguiente me felicitaron las fuerzas vivas de la localidad. Pasé lo mío de vergüenza. Y lo mismo le ocurrió en San Sebastián, pocos días después, a una norteamericana amiga mía, solo que ella, como era una mujer práctica, cuando salió de debajo del coche pasó un guante entre la concurrencia y con lo que le dieron por el guante se compró un abrigo, que no me negarán ustedes que es sacarle producto a un guante. *(El motor del coche se pone en marcha solo.)* ¡¡Ay! ¡Que ya funciona! *(Se sube al coche corriendo y, al sentarse, el motor se vuelve a parar.)* ¡Claro! En cuanto se entera de que me he subido. Debe de estar al tanto de mis pocos conocimientos en mecánica. Porque yo, de mecánica, no sé sino que los tornillos salen dándoles vueltas para el lado contrario del que se utiliza para que entren. Y de automóviles, aparte de echarlos a andar cuando ellos quieren andar, de pararlos cuando ellos quieren pararse y de abrir y cerrar las portezuelas, pues ¡completamente en blanco! Un chico muy guapo al que conocí el año pasado en Biarritz... *(Se ha bajado del coche al empezar esta frase y en cuanto pone el piececito en el suelo, vuelve a andar el motor. Ella lo mira de reojo y habla al público confidencialmente.)* Disimulemos: seguiré hablando sin darme por enterada y subiré cuando menos se lo espere, pillándolo a traición. *(Alto.)* Pues aquel chico guapo de Biarritz intentó varias veces imponerme en los misterios de la mecánica, pero yo no sé por qué cuando el maestro es guapo nunca se aprende bien la asignatura *(Mira al auto de reojo.)* y, en cambio, se entera una de cosas inesperadas. El día que él me explicó el carburador, aprendí que sus ojos eran grises; y cuando quiso aclararme el funcionamiento de los cilindros, saqué en consecuencia que tenía una dentadura preciosa. Total: que acabé por no volver a verlo; porque, junto a él, yo «carburaba» demasiado, y en esos casos, hay que evitar la «explosión» recurriendo al «escape». *(Mientras habla el último párrafo, ha subido lentamente al coche y al acabar, se sienta ante el volante, pero no bien se ha sentado cuando el motor se para. Desolada.)* ¡Es inútil! Se da cuenta de todo; porque no sé si sabrán ustedes que los automóviles tienen alma. Un alma femenina. (*Vuelve a bajar del coche para explicar lo del alma del automóvil.*) Un alma sometida, por lo tanto, a la moda, al capricho y a la temperatura. Mi amigo, el de Biarritz, me descubrió esta verdad un día, haciéndome saber que los automóviles son iguales que las mujeres. Siete razones daba para demostrar que los automóviles son iguales que las mujeres. Primera: que para ir bien tienen que ir recién pintados; segunda: que a los seis meses, el que tiene uno ya está suspirando por otro; tercera: que hay que gastarse un dineral en calzarlos; cuarta: que no se les debe prestar a los amigos; quinta: que, a veces, dejan en mitad del camino al propietario; sexta: que no pueden prescindir de llevar encima alguna esencia y séptima: que, a la larga, siempre se acaba por tener un choque con ellos. Por eso, porque tienen alma femenina, a los hombres les entusiasman los automóviles y los cuidan, los miman, los llevan en sus viajes y excursiones, les dan brillo, se gastan el dinero en ellos... y todo ¿para qué? Ya se lo figurarán ustedes; para hacer lo que hacen con las mujeres que llevan al lado: darse pisto. Y el día que ven un «modelo» más moderno... pues le traspasan el antiguo a un amigo de esos que aún no saben «conducir» y ¡santas pascuas! Luego, andando el tiempo, a lo mejor vuelven a ver al abandonado en una calle oscura o a la puerta de un *cabaret*, ya abollado y con un faro roto, y ¿ustedes creen que se emocionan? Es no conocerlos. Lo miran y dicen: «¿Cómo habrá podido gustarme algún día?». Y si se trata de argentinos, pues escriben un tango... En fin: ¡un asco! *(Hace un gesto de repugnancia suprema.)* Claro que no todo es «castigo» por parte del hombre; a veces el que «castiga» es el automóvil, porque entre los automóviles, igual que entre las mujeres, los hay resignados, infelices y provistos de un gato en la caja de herramientas, y los hay vengativos, de malas intenciones y con siete gatos dentro del motor. Estos son los que un día desaparecen de la puerta de casa, que la gente dice que los han robado y es que se han ido. Y los que se lanzan contra los árboles de la carretera o se suben a la primera tapia que ven y, cuando han hecho polvo al propietario, hacen así con el faro derecho *(Cierra un ojo.)* y se tumban de medio lado. También hay autos histéricos, que no saben lo que quieren, que tienen los nervios a flor de carrocería y que andan bien o mal según llueva o haga buen tiempo. Los de dos plazas son rápidos, aturdidos y alegres, como muchachas universitarias. Los siete plazas son casadas serias con cinco hijos. Los «Ford» son mecanógrafas, vestidas decentemente pero sin lujos, que cumplen puntualmente su obligación. El «Cadillac» es una aventurera internacional. El «La Salle» es una vedette de revista. Los coches europeos son señoras de cuarenta años, muy bien vestidas, que andan sin prisas, pero que no dejan de hacer ninguno de sus encargos. Los camiones son cocineras que van a la compra con cesta. Las camionetas son criadas «para todo» que han salido a un recado. Y los

«Austin», esos chiquirritines que abultan menos que el dueño, son oficialas de modista, que van a repartir con una cajita de cartón colgada del brazo. Para que la identidad entre mujeres y automóviles sea más exacta, los mejor vestidos son los franceses; los mejor calzados, los ingleses; los más prácticos, los *yankees*; los más duros, los alemanes, y los más cursis, los italianos. En fin, con decirles a ustedes que, en un principio, los coches se construyeron con la dirección en el lado derecho y luego se los cambió al otro lado, porque se cayó en la cuenta de que, igual que a las mujeres, solo se les puede dirigir por el izquierdo... (*Se señala el corazón.*) El espíritu femenino, que es lo que le hace al automóvil congeniar con el hombre, le impide, en cambio, congeniar con la mujer. Los autos y nosotras no congeniamos, pero somos tan semejantes que a los coches, como a nosotras, hay que vigilarlos para que no se acaloren; y se necesita dominarlos mucho para lograr que se vuelvan atrás y ya hay que ser un técnico para rectificarles la dirección. Eso sin contar con que —siempre como a las mujeres— a los autos no se les pone nada por delante; y que una vez «lanzados» no hay quien los pare; y que —y en esto sí que son como nosotras— cuando dan un resbalón se pierden para siempre. (*Adopta un aire fatal.*) Apenas nos distinguimos en que ellos tienen cada uno una «media» y nosotras, según ustedes ya saben, tenemos dos. Pero, en cambio, para el hombre, mujeres y autos somos idénticos; y, así, lo caro para él no es conseguirnos, sino que lo caro es mantenernos. *(Deja escapar una sonrisa de circunstancias.)* No; los autos y las mujeres no nos llevamos bien; la mujer tiene que pisar al coche para que ande o para que se pare, y al coche —mujer también— no le gusta dejarse pisar. Entre ambos se establece una lucha, y por eso, cuando es una de nosotras la que conduce, veréis a los autos hacer eses, pasarse discos de señales, meterse en las aceras y atravesar de parte a parte los quioscos de periódicos. En el fondo, todo es rivalidad: al auto le molesta que haya transeúntes que miren a la mujer y a la mujer le fastidia que a algunos hombres se les vayan los ojos detrás del auto. Para la mujer, ir conduciendo un coche es como pasearse del brazo de una amiga: que da gusto... cuando la amiga es más fea y va peor vestida... *(Tomando un tono más grave para disimular la última confesión.)* En fin, que hay que confesarlo de una vez: los autos y las mujeres somos incompatibles. Y las mujeres no hemos nacido para conducir bien los automóviles por la misma razón que no hemos nacido para llevarnos bien con las amigas: estamos en la hora de la sinceridad... *(Frunciendo el ceño.)* Pero... ¿vamos a renunciar a conducir porque no hayamos nacido para ello? Sería absurdo, puesto que tampoco hemos nacido para llevarnos bien con las amigas y, no obstante, seguimos tratándolas con «toda» cordialidad: se disimula, se sonríe así... *(Sonríe por fuera.)*, se les dan unos cuantos besos, de esos que suenan mucho porque no tienen más que aire, y en paz; afortunadamente, las mujeres contamos con soluciones para todo. El automóvil se hace cada día más imprescindible y a la mujer le ha llegado el momento de empuñar el volante: es una de tantas victorias del feminismo; y aunque no hayamos nacido para conducir, toda mujer está en la obligación de aprender a conducir. Así se evita el que el marido se ponga tonto dándoselas de mecánico y se evita, sobre todo, el que, con el aquel de que la esposa no conduce, se lleve el coche él para irse... a enseñar a conducir a la amiguita. Eso aparte de que, sabiendo conducir, puede una recorrer en una tarde el triple de tiendas y revolver el cuádruple de estanterías; y si una temporada hay gangas en los almacenes de Barcelona, irse después a almorzar a Barcelona... o largarse a San Sebastián por una boinita o a Valencia por unos encajes. Y se puede sacar el coche por la mañana y pasear en él a los niños, que es muy bueno; o largarse a darse baños de sol a la sierra, que es muy sano; o irse con una vecina a desayunar a Las Rozas, que es muy útil: porque inventando una avería surgida en el trayecto, se le pueden sacar al marido treinta o cuarenta duros para «alfileres»... Para alfileres de la ropa, claro... (*Se señala el vestido.*), porque las modistas cobran cada día más. La mujer tiene, pues, que aprender a conducir; no habiendo nacido para conducir: ¡un problema! Pero ya he dicho que nosotras contamos con soluciones para todo y una mujer precisamente ha ideado la solución del problema anunciado. Esa mujer soy yo. Yo, sí, señoras, yo. Yo tengo la solución para conducir coches sin haber nacido para ello. Mi solución está constituida por veintiocho aleluyas. Veintiocho aleluyas que les voy a trasladar a ustedes inmediatamente, amigas mías. Ahora bien, no me quedan más que unos minutos de estar aquí, en el escenario y, por lo tanto no puedo repetir las aleluyas y como oyéndolas una sola vez es imposible recordarlas, me atrevo a rogar a las señoras que me escuchan que tengan la bondad de ir apuntándolas. Saquen un papelito, pídanle la estilográfica al caballero más próximo y, si les es posible, quédense con ella... ¿Prevenidas? Muy bien. Pues vamos allá. Los primeros cuatro versos son el título de mi trabajo, que los fabricantes de automóviles nunca me agradecerán bastante. Dicen así:

Consejos que he reunido
cavilando día y noche
para las que no han nacido
para conducir un coche.

Y ahora van las aleluyas. Apunten:

La primer regla importante
es sentarse ante el volante.

¡Claro! Porque si no se sienta una...

Luego es conducta de sabios
el darse «rouge» en los labios.
—Digo sabios y no sabias

porque es labios y no labias—.
¡Y ya la automovilista
puede decir que está lista!

Ahora pasemos a los consejos técnicos. Y empecemos por el principio:

Para empezar la carrera
hay que meter la primera...
...pisando antes el pedal,
pues pisarlo es esencial.
Y la que no, que lo pague
haciendo cisco el embrague.

Adelante...

Metida ya la palanca,
veréis como el coche arranca.
Y si no arranca, ¡cuidado!,
porque es que está el freno echado.

A mí me ocurre siempre. Una vez quitado el freno...

Ya no hay más que acelerar
un poquitito y cambiar...
Y enfilar la carretera
corriendo como una fiera.

Bueno, ya está una viajando campo adelante.
La aleluya que sigue es una advertencia que no debe olvidarse:

Ahora ya es cuestión de tino
pillar o no a un campesino.
Y es también cuestión de suerte
el que escape de la muerte.
Si se salva, no hay que hablar:
basta con acelerar.
Y si le cuesta la vida
es que el pobre es un suicida.

Y entonces hay que acelerar también, claro.
Ahora sigue la parte técnica:

Si el piso en baches abunda
debes meter la segunda.
Y al embocar una recta
cambiarla por la directa.

Una vez andando conviene estar enterada de
otras diez aleluyas relativas a probables acon-
tecimientos en ruta. Ejemplos:

Si en la carretera hay barro,
bájate y alquila un carro.

Porque en automóvil y con barro, el trastazo
es inevitable. Una redondilla os ilustrará de
otra cosa que es muy necesario saber porque
saberlo evita disgustos. Oído:

La misma conducta terca
siguen gallinas y viejos:
pararse cuando estáis lejos
y cruzar cuando estáis cerca.

Ojo, pues, y no os fieis cuando los veáis muy
quietecitos en el horizonte, porque, al llegar
al horizonte, cruzarán delante de vosotras.
Más consejos de ruta:

Para la automovilista
lo más grave es un ciclista...
Y en tanto el ciclista, claro,
muere de golpe de faro.

Otro consejo importantísimo:

Si os cruzáis con un camión
callad y haced oración.

Es el único remedio posible contra la catástrofe, porque el camión hace lo que le da la
gana y es el dictador de la carretera. Consejos
para los «pasos a nivel» y conducta que debe
seguirse:

Si hay «paso libre», parar,
porque el tren está al llegar.

Por el contrario:

Y si dice «alto», desdén,
porque es que no viene el tren.
Mas en cualquiera de ambos casos
mucho ojito con los pasos
y ni sospechéis siquiera
que avise el guardabarrera.

Porque los guardabarreras a lo que se dedican es a la cría de gallinas, como es sabido. Una vez acabado vuestro viaje hay que parar, naturalmente. Para parar existen tres sistemas: esperar a que el coche deje de andar cuando él quiera, como me ha sucedido a mí; o pisar el pedal del freno, a ver si al coche le da la gana de detenerse; o enfilar la primera tapia que se encuentre uno en la ciudad de llegada. Este último sistema es el más seguro. Para el momento de concluir el viaje, y contando con las cosas que os habrán ocurrido durante él, también tengo un último consejo. Es este:

Al llegar si aún tenéis vida,
vended el auto enseguida.

Aunque sea como hierro viejo. Y... *(El coche se pone en marcha nuevamente solo y echa a andar hacia el lateral derecha.)* Pero, ya lo ven ustedes: mi coche ha descansado ya y ahora se marcha:

Y por si el coche se os fuera,
ya seáis hombre o mujer,
os aconsejo correr
y subir en la trasera.

Voy a ver si me subo. Adiós, señoras...

(Echa a correr y se va por la derecha detrás de su auto.)

Cuentos y chismes del oficio

Como habrán visto ya por el programa
redactado para este beneficio,
Jardiel me ha hecho un monólogo de «dama»
hablando de las cosas del oficio.
Y aquí salgo a decirlo, porque es fama
que de ustedes estoy siempre al servicio.
Lo único que me escama
es que es un poco tarde ya para el suplicio.
Pero hablaré de prisa, aunque sea un vicio,
y se marchan ustedes a la cama...
y Dios les premiará su sacrificio.
El teatro es mi centro,
y bien puedo hablar de él, pisando firme;
voy, pues, a contar algo de aquí dentro,
a saludarles... y después, a irme.
El tema es siempre ameno,
y se pueden decir cosas curiosas:
voy a hablarles a ustedes de las cosas
que suelen ocurrir en un estreno.
La obra llega a las manos de la empresa
o bien hecha de encargo o por sorpresa.
De la primer manera
rara vez la comedia llega entera,
porque el autor, a quien la empresa asedia,
por ser de los probados y aplaudidos,
tiene siempre aceptados diez pedidos...
y nunca tiene escrita una comedia.
En el caso segundo,
cuando la obra se acepta y no se encarga,

porque el autor es nuevo en este mundo,
la comedia está entera, pero es larga,
y otras veces es corta; mas no importa,
porque el autor, si es corta, pues la alarga,
y si es larga, suspira y va... y la corta;
pues, aunque no se explica, ni concibe,
el que no es escritor escribe mucho,
y el escritor ya ducho,
ése, si puede no escribir, no escribe.
Dispuesta por completo la comedia,
se anuncia su lectura a los actores;
suele ser a las dos o dos y media,
la hora de los calores;
vienen todos dormidos, tan dormidos,
que ni recuerdan bien sus apellidos,
y avanzan por las calles soleadas
de dos en dos, o bien de cuatro en cuatro,
palpando con las manos las fachadas
hasta dar con la puerta del teatro.
Y es que no hay un actor del siglo veinte
que consiga dormir lo suficiente,
y solo mientras leen los autores,
en la penumbra gris del escenario,
consiguen los actores
dormir alguna vez lo necesario.
Reparto de papeles. Discusión.
Trance que es siempre amargo,
pues todo el mundo quiere un papel largo...
y todos no lo son.
No existe ni una sola profesión
donde suceda lo que ocurre en esta:
y es que cobrar sin trabajar molesta...
¿Tiene esto explicación?

El autor sufre... El empresario grita:
«¡Tenéis que haceros cargo!».
Y la primera actriz, la pobrecita,
no sufre ni se irrita...
porque tiene un papel así de largo.
Queda, al fin, el disgusto a flor de piel;
se separa otra vez la compañía
y se empieza a ensayar al otro día...
sin que nadie se sepa su papel.
Cuatro ensayos más tarde
un actor, sin querer, se aprende el suyo,
armando un buen barullo
con su alarde;
pero al día siguiente,
de improviso, el actor se ve atacado
de amnesia efervescente,
y cuando quiere hablar, se le ha olvidado
irremisiblemente.
En los primeros días nuestra gente
no estudia su papel, aunque sea poco,
porque hay tiempo de hacerlo suficiente;
y en los últimos días..., pues tampoco,
porque no hay tiempo materialmente.
Una semana en pleno desvarío
de compras y de gastos;
y aquí dentro hay tal lío,
de modistas, de telas, de tijeras,
de pelos, de papeles, de maderas,
de muebles y de trastos,
que la empresa, como hacen las mamás
cuando lanzan al mundo un nuevo infante,
declara: «¡Éste y no más;
no estreno ya jamás

ni a Lope que del nicho se levante!».
(Aunque, como hace luego la mamá,
nunca cumple lo dicho, claro está.)
Se llega, al fin, a la última jornada,
que –como hay que llamarla de algún modo–
se llama: «ensayo general con todo»,
pero es ensayo general sin nada.
Falta siempre lo más imprescindible;
no traen los decorados prometidos;
va a ponerse una luz, y no hay flexible;
y, como ya coser es imposible,
se hace con imperdibles un vestido
y dos horas después ya se han perdido,
porque esa es la misión del imperdible.
El estreno, por horas, se avecina;
se galopa, se suda, se trabaja
con verdadera inquina,
se manda a por bencina;
uno sube, otro baja
y todos piden sellos de aspirina.
La comedia le pesa al empresario
y le dice al autor que es necesario
cortar lo menos media;
el autor tiene un miedo extraordinario,
y quiere cortar toda la comedia.
Los actores, con gestos lastimeros,
le piden que no corte lo que importe;
que, si acaso, que corte
lo que hablan los restantes compañeros.
Y la primera actriz,
a la que todos creen tan feliz
mecida en una vida placentera,
mientras la peluquera

le hace tirabuzones,
forra en un rinconcito unos sillones
sentada en una estera.
Todo el mundo se queja de los pies
se encargan a docenas los cafés,
y el que tiene memoria suficiente,
se acuerda vagamente, en día veinte,
de que almorzó en su casa el día tres.
Y, en tal marimorena,
está de mal humor incluso el gato,
que no encuentra su plato
porque se lo han quitado para escena.
Y así, entre sinsabores,
y angustias, y esperanzas, y sudores,
dan las diez de la noche de aquel día,
y se enciende, por fin, la batería...
Silencio... Expectación...
Nervios deshechos ya por la emoción:
emoción siempre nueva, aunque es antigua.
La gente de aquí dentro se santigua...
¡Se levanta el telón!
Y desde ese momento,
ahí fuera hay con frecuencia diversión,
pero aquí dentro hay siempre sufrimiento...
A veces surge el triunfo, y otras veces
se bebe uno el frasco hasta las heces:
pero de esto es mejor no hablar siquiera,
ni tocando madera.
Del triunfo hay que decir que, por rotundo
que dicho triunfo sea,
siempre hay sabor amargo en la jalea,
pues nunca se da gusto a todo el mundo.
A partir de la noche del estreno,

el ambiente aquí dentro es más sereno;
pero aún no han concluido los apuros:
hay que estar sin salir del escenario;
esclavos del reloj y el calendario;
y hay que ver cuántos duros
ingresan a diario;
y hay que vivir pendientes del calor,
nuestro gran enemigo en los estíos:
y pendientes del frío, amigos míos,
pues nadie va al teatro con los fríos,
y se pierde un horror.
Y si llueve, muchísimo peor,
porque, ¿a ver quién se atreve
a salir de su casa cuando llueve?
Y cuando el tiempo es bueno, pues es malo,
y siendo hermoso es feo,
pues las gentes se marchan de paseo
y no vienen aquí ni con regalo.
En fin: que es un oficio el de la escena
que no vale la pena.
¡Palabra de mujer!
Si volviera a nacer,
y, si fuera la misma todavía:
con mi misma alegría
y mi modo de ser
y mi tipo y mi cara y mi nariz;
si volviera a nacer, como decía,
y si fuera la misma... ¡volvería
a dedicarme a ser actriz!

A la luz del ventanal

Personajes	Esther.
	Un caballero. (No habla, claro.)
Decoración	Un saloncito, medio vestíbulo, medio «living room», puesto con una comodidad, una coquetería y un lujo tan refinado que, a la primera ojeada, ya lo dice todo. Y lo que dicen es que se trata de la habitación principal de un piso pequeñísimo probablemente un «departamento» situado en el ático de un inmueble modernísimo, que se alza en una calle céntrica de la gran ciudad.

Puerta —o salida de pasillo— en uno de los laterales. Ventanal en el paño de enfrente con forillo de cielo. Muebles dibujados a propósito y realizados con maderas nobles; telas costosas en las tapicerías; algún cuadro y alguna escultura de firmas contemporáneas; varios buenísimos grabados. Los retratos de un mismo hombre y de una misma mujer, en tamaños diferentes y con ricos marcos de cristal y de plata colocados aquí y allá. Cortinas espesas que amortiguan los rumores callejeros; gruesas alfombras, que amortiguan los ruidos interiores; lámparas con pantallas que amortiguan la luz. Y no hay más que añadir, porque todo el mundo habrá comprendido en el acto que, cuando una habitación se halla provista de tantos amortiguadores, es porque está destinada a soportar presiones muy fuertes. Y así ha sido en este caso: la habitación y el resto del «departamento» nació con el destino exclusivo de soportar una presión muy fuerte, una presión fortísima; la más fuerte de las presiones: el amor. Es de día. Por la tarde; en el atardecer; en el otoño. Al levantarse el telón, la escena sola, medio en penumbra, pues las lámparas se hallan apagadas, pero de vez en cuando el destello, encarnado primero y verde después, de un anuncio luminoso, penetrando por el ventanal, convierte por instantes la habitación, ya en un antro infernal, ya en un jardín paradisíaco. Hay

*una pausa bastante larga, y así que la escena se
ha iluminado tres o cuatro veces de encarnado
y tres o cuatro veces de verde, surge* ESTHER. ES-
THER *es una dama muy linda, tan próxima a los
cuarenta años, que no representa más allá de
veintinueve. Depurada, quintaesenciada, típico
ejemplar de selección, anda y se mueve con esa
gracia y ese sentido del ritmo que solo tienen las
bailarinas clásicas y los tigres de Benarés. En
dos cosas aún se parece* ESTHER *al tigre: en sus
encantadoras manos, que no se sabe por qué, hacen pensar en unas pequeñas zarpas, y en sus
magníficos ojos, que a ratos brillan con incan-
descencia felina; pero en comparación con la
dama, el tigre queda muy por bajo en todo lo demás: desde las líneas del cuerpo, mucho más se-
ductoras por parte de* ESTHER *que por parte del
tigre, hasta la voz, mucho menos musical por
parte del tigre que por parte de* ESTHER: *pasando por la piel, pues es infinitamente más cara la
que* ESTHER *luce colgada de sus hombros que la
que el tigre ostenta, cubriéndole de arriba abajo; sin contar con que la piel que lleva* ESTHER,
*se la mire desde donde se la mire, es preciosa,
mientras que la del tigre, de lejos, parece una
falsilla. El tigre, digo* ESTHER Mendoza, *porque
la dama se llama* ESTHER Mendoza *entra por la
puerta o salida de pasillo, avanza unos pasos
lentamente y se detiene en medio de la habitación, con la diestra colocada sobre el pecho y la
respiración anhelante.*

ESTHER ¡Dios mío! *(Después de lanzar una ojeada lenta a su alrededor.)* ¡Dios mío, casi no puedo respirar! ¿Es por la emoción de entrar otra vez aquí o es por haber subido las escaleras a pie? Quizá es por las dos cosas. Porque las escaleras me las he subido íntegras, ciento sesenta y ocho peldaños, con una sola parada, en el tercero: que gracias a ese descanso, frente a la puerta del dentista, se me ha quitado el dolor que traía en la muela empastada. Y en cuanto a la emoción de entrar otra vez aquí ¡al cabo de diez meses! es indudable. Se me doblan las piernas... Me tiemblan los dedos... *(Tomándose el pulso.)* Y me cuento ciento sesenta pulsaciones...: tantas como peldaños. *(Al tiempo que se halla encendida la luz encarnada.)* Y ahora noto un ramalazo de calor... Debo de tener la cara echando lumbre... *(Abre el bolso, saca un espejito para mirarse y al hacerlo la luz encarnada se torna verde.)* ¡Pues, no! ¡La tengo verde! ¿Y como es que tengo la cara verde, virgen santísima? *(La luz verde se cambia a encarnada. En el colmo de la alarma.)* ¡¡Y ahora encarnada!! *(Cayendo en la cuenta del cambio de luces.)* ¡Ah, es el luminoso...! *(Acercándose al ventanal y mirando hacia fuera.)* El luminoso de los almacenes de la esquina, que continúa funcionando lo mismo que antes. La luz encarnada y luz verde alternan desde el anochecer hasta las siete, y a partir de las siete, cada cuarto de hora luz amarilla permanente, y en todo momento las letras encendiéndose una a una, y apagándose luego, juntas, de un golpe.

(*Leyendo, silabeando.*) «ALMACENES FER-
NÁNDEZ - ALMACENES FERNÁNDEZ - AL-
MACENES FERNÁNDEZ». (*Melancólicamen-
te.*) ¡Ay, almacenes Fernández! ¡Inolvidables
almacenes Fernández... de los que ya no me
acordaba en absoluto...! ¡Parece mentira! Con
la de tardes que él y yo nos hemos sentado
aquí, juntos, las caras unidas y las manos en-
trelazadas a ver cambiar la luz verde en luz
encarnada y la luz encarnada en luz verde...
Hasta que el luminoso mismo nos avisaba del
paso del tiempo, tan puntual como un eclip-
se; a las siete ¡zás!, se encendía la luz amarilla. Y entonces él se ponía de pie y murmura-
ba sonriendo: «¡La hora dorada, mi reina!».
Porque en la intimidad siempre me llamaba
reina. Y yo replicaba con entusiasmo: «¡La
hora dorada, sí! Porque ¡todo, todo!, es ya oro
puro a nuestro alrededor; es oro el techo, el
suelo, las paredes; es oro este sillón; es oro
aquel cortinaje; es oro aquella mesita...»

Y él me interrumpía exclamando: «¡Sí, reina; pero también el tiempo es oro!». Y, estre-
chándome entre sus brazos... (*Después de una
pausa, pasándose una mano por los ojos.*) ¡Diez
meses! Y se diría que han pasado siglos... (*Aca-
riciando el silloncito de junto al ventanal.*) Aquí...
aquí mismo nos instalábamos, así que yo lle-
gaba, para ver cambiar la luz verde en luz encarnada y la luz encarnada en luz verde... En
este silloncito nos sentábamos los dos, porque
el amor siempre tiende a ahorrar muebles... En

cambio despilfarra besos. Y también nosotros los despilfarrábamos. Aunque él inventó el juego de considerar la luz encarnada como una señal de ¡alto! y la luz verde como una señal de ¡adelante!, y los besos que empezaban al encenderse la luz verde, había que interrumpirlos al encenderse la luz encarnada. *(Transición.)* Por cierto que... ¡Es curioso! Tenía yo la idea de que la luz encarnada duraba mucho más que la luz verde. Y ahora compruebo que las dos duran igual. ¡Sí, sí! Igual, igual. *(Suspira.)* ¡Ay! Bien dijo uno de esos filósofos a los que se les achaca todo lo que se ha dicho en el mundo, que los días tristes se viven muy despacio y que los días felices pasan velozmente...

¡Lo largos que a mí se me han hecho estos diez meses que hace que rompí con él! Y lo de prisa que pasaron los dos años que ambos, tarde tras tarde, acudimos aquí... *(Reaccionando. Por el ventanal entra la luz amarilla fija.)* ¡Pero, soy tonta de remate! Cualquiera que me oyese pensaría que desde entonces he vivido en plena tristeza y que mi alegría y mi felicidad dependían de él y de las horas pasadas juntos... *(Vivamente.)* Y no es que diga que junto a él no haya visto transcurrir buenos momentos... Momentos agradables. Pongamos que momentos alegres... Y, concedamos que, incluso, momentos felices... *(Rápidamente.)* ¡Pero eso ocurrió en la primera época! ¡Eso ocurrió a poco de conocerle, antes de cansarme de él!...

Porque fui yo la que se cansó de él; y la que comenzó a retrasarse en llegar para acabar por darle plantones. Y la que una buena tarde se presentó aquí tempranísimo y utilizando como lápiz un diamante de la polvera, dejó escrito sobre el cristal de un espejo el mensaje de despedida: «¡Adiós! Ya no volveré nunca. Ha llegado lo que acaba siempre por llegar... El amor se agota como el carbón en la mina, y del mío no queda ni el más pequeño filón. Renuncia pues, en lo sucesivo a esperarme a la luz del ventanal. Me voy sin quererte pero sin odiarte. Tú procura no quererme ni odiarme tampoco; imaginemos que nuestro amor ha sido una partida de ajedrez, pero no la ganamos ninguno. Y que la partida acaba en tablas, aunque tú hayas perdido tu... «Reina». *(Transición.)* ¡Pobrecillo! ¡Qué cara debió de poner al leerlo! ¿Qué haría? ¡Quizá se echó a llorar, porque los hombres lloran por cualquier cosita...! Pero, no: él no lloraría; él se limitaría a bajar la cabeza, resignándose... ¡Con tantas cosas se había tenido que resignar, que ya se resignaba a estar resignado: y, puesto a necesitar resignación, se resignaría a resignarse! Y es que, desde el principio, en nuestro idilio, de los dos, él fue el que quiso y yo la que se dejó querer; él quien se declaró, quien insistió, quien suplicó, y yo quien iba concediendo poco a poco, altivamente, como una reina... Por eso, sin duda, me lo llamaba. ¡Y qué devoción demostró en todo instante! De un rizo de mi pelo se hizo la sortija que llevó puesta siempre. Y en cuanto logró acariciar mis manos, a fin de conservar mejor su perfume, dejó de emplear jabón para lavarse las suyas. Y desde que yo le di el primer beso, por no perder su sabor, prescindió él de usar dentífricos. ¿Y de gastar?... ¿Qué no gastó en mí? ¿Qué joya le pareció cara para ofrecérmela, ni qué dispendio se le antojó excesivo, si era de mi gusto? Enterró una fortunita en hacer confortables estas paredes, y el día que yo invertí ochenta pesetas en un marco para su retrato, exclamó: «¡Ahora es cuando aquí dentro hay algo de valor!». Quince mil duros le costó amueblar este departamento, y, cuando yo vine la primera vez y admirándolo todo, comenté: «¡Buen estuche!», aún me contestó él avergonzado: «¡Para cualquier mujer de mérito sí sería un estuche, pero para lo que tú vales, esto es una funda!». ¡Una funda! Considerar esto como una funda... (Suspira.) ¡Ay!, el caso es que yo he acabado por considerarlo igual, al cerrar trato de venta con el señor que va a llegar dentro de un momento a quedarse con todo. Porque dar por veinte mil pesetas lo que costó quince mil duros, es convertir el estuche en funda, ¡no hay duda! Pero... ¿para qué quiero yo todo esto, si cada mueble, cada cacharro, cada tela dejó de interesarme por completo, justo en el mismo instante en que dejó de interesarme él...? Si cuanto hay aquí dentro me es indiferente, ¿para qué quiero ya nada de esto? O, como hubiera dicho don

Ramón de Campoamor o cualquier otro poeta
impune del siglo pasado:

¿Por qué guardar entero
el nido, en otro tiempo placentero,
que construyó el jilguero en el ramaje,
si hastiada de su canto y su plumaje,
tú te fuiste del lado del jilguero?

(*Con un grito.*) ¡¡Oh!! ¡Pero ahora que me fijo,
Dios mío! Ya está encendida la luz amarilla...
¡Son las siete! Es la hora dorada... La hora en
que veía todo lo de alrededor convertirse en
oro puro... La hora en que él me recordaba
que también el tiempo era oro... en que se
apresuraba a estrecharme entre sus brazos...,
aquí, al lado de este silloncito... Al lado de este
sillón tan mono... ¡¡Al lado de este asqueroso
sillón que Dios confunda!! Y al que odio con
toda mi alma, porque sentada en él yo no he
oído más que mentiras. ¡¡Mentiras!! ¡¡Mentiras!! ¡¡Mentiras!! (*Arrancando a pedazos la ta-
picería del sillón.*) ¡Mentiras del que yo llamaba rey en la intimidad, porque en la intimidad
yo soy una idiota! ¡Lo que no quiere decir que
en público no lo sea también! Porque si yo no
fuera una idiota en público y en la intimidad,
y con luz y a oscuras, me habría dado cuenta
a tiempo de que él empezaba ya a cansarse.
¡Qué bien lo demostraban patentemente sus
retrasos en llegar primero, y sus plantones después! ¡Y no hubiera dado lugar a encontrar-
me una buena tarde su mensaje de despedida,

escrito con un diamante de su pitillera en el espejo! ¡¡En este estúpido espejo!! (*Lo rompe.*) ¡Que al leerlo no me eché a llorar porque me limité a bajar la cabeza resignándome, pues con tantas cosas me había tenido que resignar, que ya me resignaba a estar resignada; y puesta a necesitar resignación me resigné a resignarme! ¡¡¡Pero ahora no me resigno y me cargo esta mesa!!! ¡Porque desde el principio estuvo clarísimo que en nuestro idilio, de los dos, él fue el que se dejó querer y yo fui la que quise! ¡¡Como ahora quiero hacer polvo esto!! ¡¡Y esto otro!! (*Rompe cosas.*) ¡Y que fui yo la que insistió y suplicó, mientras él iba concediendo poco a poco, altivamente, como un rey: y por eso, sin duda se lo llamaba! ¡¡Igual que a ese cuadro le llamo adefesio, y a esta lámpara la llamo cadáver luminoso!! (*Rompe las dos cosas.*) ¡Y si de un rizo de su pelo me hice una sortija, de este jarrón voy a hacer una alfombra! (*Lo pisotea.*) ¡¡Y de esta alfombra unos zorros!! (*La raja con los restos del jarrón.*) ¡Y de estos zorros un mitin callejero! (*Tira los «renards» por el ventanal.*) ¡Idiota, si! ¡Idiota y bien idiota es preciso ser para dejar de usar perfumes por recordar mejor el olor de las manos del hombre amado, y arrumbar los dentífricos desde el día en que este hombre nos da el primer beso. ¡¡Pero más idiotez se necesita todavía para gastar los 15.000 duros que yo he gastado en comprar todas estas majaderías!! (*Reduce a la nada todo lo que hay en un rincón. Y de pronto se queda con un retrato con marco de cristal y abre los ojos diabólicamente.*) ¡Ah, el marco! ¡El marco para mi retrato! ¡El famoso marco de las 80 pesetas, dispendio que debió de producirle la ruina, y que sin duda fue lo que le obligó a huir.., para dirigirse, quizá a América, a rehacer su fortuna! ¡El marco que me trajo el primer día cuando entró mirando a las paredes y diciendo: «¡Buen estuche!», y cuando yo le contesté que para un hombre de su valer esto no era un estuche, sino una funda! ¡¡Una funda!! ¡Y tanto que una funda...! ¿Pues él era algo más que un paraguas? *(Transición; se pasea por escena.)* Pero, es lo mismo... da igual... *(En la puerta, con el sombrero y una cartera negra en la mano, ha aparecido un señor, que es un caballero de unos cincuenta años, que va a saludar, pero se queda cortado, inmóvil, contemplando a* ESTHER *en silencio.)* Todo acabó... Agua pasada... ¡Ahora tengo que emprender una nueva vida! Liquidar este departamento y cuanto encierra. Deshacerme de todo... Traspasarlo todo en las 20.000 pesetas fijadas, al caballero con quien he comprometido la venta, que va a venir de un momento a otro. Y coger las 20.000 pesetas y guardármelas, que del lobo un pelo.., que al fin y al cabo 20.000 pesetas son 20.000 pesetas; y bien vale lo que hay aquí esas 20.000 pesetas... *(El caballero mira a* ESTHER *y a su alrededor estupefacto, asustado.)* ¡Pero parece que ese señor tarda en llegar con el dinero! *(El caballero aprieta la cartera de piel negra contra su corazón.)* O es que estoy muy nerviosa... Sí, desde luego, estar, estoy muy nerviosa. Me sentaré a calmarme a la luz del ventanal... Me calmaré viendo una vez más cómo aparecen y desaparecen los letreros... (*Se sienta y lee, silabeando como al principio.*) AL - MA - CE - NES -FER - NÁN - DEZ - RO - PA - BLAN - CA - RO -PA - BLAN - CA - RO – PA - BLAN - CA. ¿Por qué se llamará ropa blanca a una ropa que es siempre de color?

(*Aprovechando que no ha sido visto, el caballero se ha ido lentamente, pasito a pasito, por donde entró.*)

Como contesta el eco

A telón corrido sale El Hombre que habla con
el eco, *se inclina finísimo y dice, a ser posible
sin equivocarse:*

El Hombre que habla con el eco   Señores: un servi-
dor de ustedes es El Hombre que habla con el
eco. Seguramente esta confesión les dejará a
ustedes sumidos en el ya sabido mar de las
confusiones. Pero todo tiene su explicación y
vamos por partes, como los telegrafistas. El
eco, ese fenómeno acústico, en virtud del cual
el éter repite los últimos sonidos brotados de
la garganta humana al pronunciar una frase,
no ha sido bien estudiado todavía. Solo yo,
que en punto a la cultura conozco el cuarto
apellido de Lindbergh, he llegado a la conclu-
sión de que el eco es la voz de la experiencia,
la cual responde siempre con su sabiduría a
las cosas que nosotros, los pobres humanos,
ignoramos o conocemos mal. Hasta ahora,
cuantas preguntas he dirigido al eco me han
sido contestadas por él y quiero que ustedes
asistan al espectáculo, que escalofría como
una ducha. Atención. Preguntaré al eco algunas cosas relativas a las mujeres. Pido perdón
anticipadamente, porque el eco tiene unas teo-
rías un poco molestas. Si algunas señoras quieren retirarse, están a tiempo. ¿No se retira

ninguna? Entonces nadie tiene derecho a quejarse. Se ha hablado mucho de que las mujeres son más constantes que los hombres en materia de amor. Escuchemos lo que dice el eco. *(Se coloca a un extremo del escenario y pregunta en voz muy alta.)* ¿Cuánto dura el amor de las señoras?

EL ECO   ... oras.

EL HOMBRE Horas nada más, señores. El eco lo ha dicho. Con muy mala ortografía, pero lo ha dicho. Sigamos con las mujeres. ¿Qué es su gracia, su belleza, su elegancia y su donaire?

EL ECO   ¡... aire!

EL HOMBRE Aire; que es lo mismo que decir nada. Un obispo dijo que debe huirse de la pasión desordenada. ¿Qué obispo dijo hace muchos años que se debe huir de la pasión?

EL ECO   ... sión.

EL HOMBRE Continuemos nuestra labor indagadora. ¿Cuándo llegan las mujeres a las citas de por la tarde?

EL ECO   ... tarde.

EL HOMBRE ¿Cuánto tarda en dejar de amarnos la mujer que nos juró amor al medio día?

EL ECO   ... medio día.

EL HOMBRE   ¿Qué acaba por producirnos la mujer que más nos entusiasma?

EL ECO   ... asma.

EL HOMBRE   ¿Cuáles son las únicas preocupaciones de las bellas?

EL ECO   ... ellas.

EL HOMBRE   Ellas mismas. El eco tiene razón. Pero sigamos... ¿Qué es lo primero que le piden la mayor parte de las mujeres al hombre incauto?

EL ECO   ... auto.

EL HOMBRE   ¿De qué marca se lo piden, si el hombre es un naviero rico de El Ferrol?

EL ECO   ... rol.

EL HOMBRE   El eco afirma también que es una tontería matarse por una mujer. ¿Qué es el hombre que dice «si no me quiere Fulana me suprimo»?

EL ECO   ... primo.

EL HOMBRE   ¿Qué otras cosas hay tan peligrosas como las mujeres y que también cuestan pesetas?

EL ECO   ... setas.

EL HOMBRE   Porque ya saben ustedes que las setas son muy peligrosas. ¿Y qué otra cosa de la familia de las setas, que yo jamás me he puesto ni me pongo?

EL ECO   ... ongo.

EL HOMBRE   Hongo, sí, señores; ahora que el eco lo escribe sin hache. ¿Y ahora qué tendré que decir al marcharme a estas personas que me han escuchado atentamente, porque son muy buenas?

EL ECO   ... muy buenas!

EL HOMBRE   ¿Y qué van a decir de mí cuando me vaya?

EL ECO   ¡Idiota!

EL HOMBRE   Ustedes perdonen, señores, pero después de esa inesperada declaración del eco, no tengo más remedio que retirarme.

(EL HOMBRE QUE HABLA CON EL ECO *se va avergonzadísimo.*)

PIEZAS QUE NO HEMOS SABIDO CLASIFICAR

Sucedido medieval
que acaba bastante mal

Ocupa toda la escena
un gran castillo feudal
dónde vive Filomena
de Atienza, cierta morena
que es una chica brutal.
Un ancho foso rodea
al formidable castillo,
foso que salva un rastrillo
al que mueve una polea.
Hay en un muro desnudo,
grabado en piedra, el escudo
del Marquesado de Atienza,
con este lema: «Yo dudo
de que exista quién me venza».
De noche. El campo está mudo.
La acción del drama, en Provenza.
Pausa. Por un lateral,
corriendo a todo vapor,
aparece un trovador,
bello distinguido y tal.
El trovador, que se llama
Ramón Berenguer de Ciolvo,
ansiando ver a su dama,
de correr viene hecho polvo.
Limpia el sudor de su frente
y con acento temblón
dice jadeantemente
la siguiente relación:

EL TROVADOR   ¡Ya llegué! ¡Vive Dios, qué caminata!
Esto de ser trovero es una lata;
pero la caza de la vil peseta
nos hace hacer locuras
y soportar innúmeras torturas
a aquellos que poblamos el planeta.
Hasta un hombre que sufra de presbicia
mira mi caso y lo ve claro todo:
que teniendo una renta vitalicia
no hacía yo el canelo de este modo.
Pero en este castillo,
tras de la puerta férrea del rastrillo
y el lujoso aposento,
habita Filomena, un monumento
femenino que quita la cabeza,
pues tiene una magnífica belleza
que la misma Friné le envidiaría,
y tiene un capital en pedrería
de incalculabilísima riqueza.
Y yo, que en trabajar soy algo tardo,
herencia de mi madre, que era sorda,
soy de toda Provenza el mejor bardo;
más no tengo en dinero ni una gorda.
¿Qué hacer? ¿Trabajar? No, que me fatigo.
Tomar a Filomena en casamiento
y con eso la obligo
a que afloje la pasta en el momento.
Voy a entonarle, pues, mi dulce trova
y es una hermosa forma de dar coba.

(*Pulsa la guzla* EL TROVADOR,
se enjuaga un poco con cerveza,

luego emite en sol mayor
su linda canción, que empieza.)

Filomena,
dulce y buena,
oye, ¡oh, celestial morena!,
la muy amorosa prima
de un bardo a quien enajena
tu faz de dulzura llena,
tus encantos de sirena,
pues ya se ve, Filomena,
que te criaste en Marchena
y que tomaste «Maizena»,
Filomena,
Filomena...

(Hay una pausa que no es turbada;
pero en el aire la canción queda.
No pasa nada; no se oye nada;
más de improviso y en la arboleda
suena la rítmica algarabía
de cierta herrada caballería.
Es LUPO *Ibáñez, quien con gran ruido,*
que es producido por sus espuelas,
sale ligero, con gesto fiero,
de entre unas matas de habichuelas.)

LUPO   ¿Quién cantando eleva el grito?

EL TROVADOR   Servidorito.

LUPO   Y ¿a quién diriges tu estilo?

EL TROVADOR   A la Filo.

LUPO   ¿Eres nacido en Provenza?

EL TROVADOR   No sé si en Provenza ha sido
donde mi primer vagido
lancé; pero aunque Sigüenza
fuese mi patria, guerrero,
yo te gano a ser trovero
y a chulo y a sinvergüenza.

LUPO   ¡Eso te lo crees tú!
Algo, sí, lo disimulo;
pero yo ¡por Belcebú!,
soy el guerrero más chulo
que en la Provenza nació.

EL TROVADOR   Aquí el más chulo soy yo,
que escribo en papel bambú.

LUPO   ¿Y quieres a Filomena?

EL TROVADOR   Sí; porque me da la gana.
La quiero por lo gitana,
por lo castiza y lo llena,
y si ella acepta, mañana
la llevaré a la verbena.

LUPO   ¡Cumple, infame, lo que has dicho
y te partiré el frontal!

EL TROVADOR   Lupo, eres un mal bicho
y voy a darte a capricho
en plena región nasal.
¡Pide a la Sacramental
un mausoleo o un nicho!

(*Contra don* LUPO *se lanza,*
muy altiva la cerviz,
y con un cate le alcanza
en mitad de la nariz.
Don LUPO, *que ya no ve,*
al sentirse así humillado,
le da al otro un puntapié;
pero el hombre pierde pie
y queda en tierra sentado.
Cae sobre él EL TROVADOR,
ambos agitan los brazos
y se dan al por mayor
zurridos, golpes, trastazos,
moquetes y cintarazos.
Llueven golpes a granel
y, entre tanto, en una almena
aparecen FILOMENA...
FILOMENA *y* UN DONCEL, *que*
—el porqué nunca se supo—
diciéndose mil ternezas,
asoman las dos cabezas
y ven a RAMÓN *y a* LUPO.)

UN DONCEL   ¡Son esos tus pretendientes!

FILOMENA   Sí.

UN DONCEL	Pues se pegan en tierra unos golpes contundentes que no los da Sánchez Guerra.
FILOMENA	¡Qué dos tipos tan molestos!
UN DONCEL	¿Te molestan? Pues verás como no te chinchan más...
FILOMENA	¿Qué vas a hacer?
UN DONCEL	Trae dos tiestos.

(Ríen los dos, inhumanos;
se marcha y vuelve a la almena,
y al volver trae FILOMENA
entre sus níveas manos
dos macetas colosales
que pesan varios quintales.
El DONCEL *con gran vigor*
las tira, y es instantáneo:
a LUPO *y al* TROVADOR
les pega en mitad del cráneo.
Caen los dos cuerpos sin vida,
del foso junto al rastrillo,
y la pareja homicida
vuelve a entrar en el castillo.
Deja escapar su canción,
plena de armonía, un grillo,
y sobre el canto sencillo
baja pausado el telón.)

El amor de Martín Gómez

Espantoso drama de la Pampa
con incrustaciones de pericón argentino

Advertencia	Todas las frases argentinas que se pronuncian en el drama son rigurosamente auténticas y las aprendió el autor durante su estancia de quince años, dos meses y un día en un hotel de Antofagasta.
Decoración	Especie de corral, situado en plena pampa y donde se supone que se halla el rancho de Martín Gómez, colono famosísimo en toda la comarca y conocido por el apodo de «El niño de la pianola». Al foro, gran perspectiva de campo: en la derecha, un grupo de árboles con sus cortezas correspondientes; en la izquierda, un caldero colgado de una estaca. Junto al caldero, se supone que está el rancho. Es de día. Mucha luz en la escena. Al levantarse el telón, en

escena Martín Gómez. Tiene unos cuarenta años y se halla avizorando el horizonte como el que espera algo con gran impaciencia.

MARTÍN ¡Ni vuelta que darle! No vienen. Y aquí me tenés con la sangre rehogadita, no más... (*Da unos paseos impaciente.*) ¡Mi tía, la de Tucumán! ¿Pero qué harán esas atorrantas que no regresan? (*Dirigiéndose hacia la izquierda.*) ¡Indalesio! ¡Indalesio! ¡Vení p'acá! ¡Vení p'acá corriendito u os corto lindamente la cabesa, mi viejo!

INDALECIO (*Por la izquierda. Es un peón joven y con cara de idiota.*) Aquí me tenés jadiante. Decime qué deseás...

MARTÍN Subite vos a ese arbolito que tiene diesinueve metros de altura y mirá pa el horisonte a ver si vienen los otros piones.

INDALECIO Lo hago con plaser. (*Se sube al árbol para otear el paisaje, y cuando llega a la copa, se cae y queda muerto en el suelo.*) ¡Ay!

(*Muere.*)

MARTÍN (*Apartando el cadáver con el pie.*) Siempre dije que este atorrante se había caído de un nido.

(Dentro, se oye gran galopar de caballos y voces angustiadas de mujer joven.)

PEÓN 1°   *(Dentro.)* ¡Amo Martín!

PEÓN 2°   *(Dentro.)* ¡Ya está aquí!

PEÓN 3°   *(Dentro.)* ¡Ya la traemos!

MARTÍN   *(Muy contento.)* ¡El idiota de mi abuelo! ¡Ya la traen!... ¡Estoy contento como el conde de Vallellano!

(Por la derecha, y en medio de un tumulto al lado del cual el motín de Esquilache fue un recital de Berta Singerman, entran cinco o seis peones al servicio de MARTÍN. que traen maniatada a la china ESPERANZA, una mujer guapísima y eminentemente argentina.)

PEÓN 1°   Aquí la tenés.

PEÓN 2°   Aquí está...

ESPERANZA *(Dando un grito de horror al ver a MARTÍN.)* ¡Oh!

(Procúrese que este grito exprese sorpresa, odio, rencor, miedo, rabia, ansias de fuga, desesperación, impulsos homicidas, asco y dolor. También con este grito debe hacerse ver al espectador que

> ESPERANZA *ha nacido en Palermo, que es esposa del colono italiano Joaco* FOSCARELLI, *que la acaban de raptar de su casa los peones de* MARTÍN, *que sabe bailar muy bien el pericón y que está suscrita a La Nación, de Buenos Aires, por un semestre.)*

MARTÍN   *(Avanzando hacia* ESPERANZA *con los ojos brillantes.)* Ya vos tengo en mi poder, Esperansa...Y ahora vos podré amar libremente...

ESPERANZA   ¡Canalla!

MARTÍN   ¿Me insultás?

ESPERANZA   ¡Bandido! ¡Harapiento! ¡Conductor de autobús!

MARTÍN   *(Volviéndose hacia los peones.)* Pero, ¿vos oís cómo me insulta?

PEÓN 1º   Pues esto son confites no más, comparao con las cosas que desía de vos cuando veníamos...

MARTÍN   ¿Qué dijo de mí?

PEÓN 2º   Vos llamó humorista.

MARTÍN   ¡Repenco! *(Súbitamente furioso.)* ¡Pronto! ¡Déjame solo con ella! ¡Marcháse ya, gringos!

> *(Los peones hacen mutis por la izquierda contándose entre sí cuentos baturros.)*

ESPERANZA (*A* MARTÍN, *fieramente.*) ¡Vos odio! ¡Vos aborresco! ¡Permita el sielo que fallescais del beriberi! ¡Permita el sielo que vos pasés toda la vida oyendo la música de «La calesera»!

MARTÍN ¡Cállate, maldita! (*Súbitamente dulce.*) Pero, ¿por qué vos mostrás tan brava? ¿Por qué me deseás males tan grandes, Esperansa? ¿Vos no sabés que estoy enamorao hasta el rebenque? ¿Vos no sabés que estoy por vos que escribo desimales por las paredes?

ESPERANZA ¡Granuja! ¡Saltiador de caminos!

MARTÍN Ven p'acá, china. Pensá vos que toas las mujeres se me han rendido siempre y que esta es la primera vez que tengo un tropesón con una china... (*La abraza y pretende besarla.*) Vos adoro, Esperansa, ¡que esperansa!

ESPERANZA Escuchá mi respuesta... ¡¡Pum!!

(*Le da una bofetada que le desplancha el traje.*)

MARTÍN ¿Me habés pego? (ESPERANZA *le atiza otro trastazo para que no quepa duda.*) ¿Me habés pego? (*Nuevo morrón convincente.*) ¡Ah! (*Súbitamente alegre.*) ¡Entonses es que me amás! ¡Qué dicha! ¡Qué felisidad, ché! (*Dirigiéndose hacia la izquierda a grandes voces.*) ¡A mí! ¡Mi gente! ¡Venga todo el mundo! ¡Tráiganse las vihuelas, no más! ¡Se va a armar la gran farra, ni vuelta que darle!

(Por le izquierda entran diez o doce PEONES seguidos de otras tantas «chinas», todas preciosas. Ellos y ellas visten trajes del país y los primeros traen sendas guitarras. Voces, aplausos; entusiasmo cromatístico y pandemónico.)

PEÓN 1º   ¡Viva Martín!

TODOS   ¡Vivaa!

PEÓN 1º   ¡Viva la furra!

TODOS   ¡Vivaaa!

(Se sientan formando un bonito grupo.)

PEÓN 2º   *(A MARTÍN.)* Decíme, mi amo. ¿Vos parese bien que me arranque con un tango argentino?

MARTÍN   ¡Echáte p'allá, pendejo! ¡¡Los tangos argentinos no se cantan más que en España!! Aquí, en la Argentina se cantan vidalitas. ¡Superio!

SUPERIO   *(Que es un PEÓN, aunque parezca un matasuegras.)* Decime no más.

MARTÍN   Entónate una vidalita, mi viejo.

SUPERIO   Galopandito, mi amo.

(SUPERIO canta una vidalita que es escuchada religiosamente.)

Yo tenía un potro lindo,
un buen ruano corridor.
¡vidalitá!
pero los días pasaron,
¡vidalitá!
aquel potro me robaron
y unos gringos de Canillas
¡vidalitá!
lo empeñaron en Veguillas.
¡vidalitá, vidalitá!

(Cuando las lágrimas van a aparecer en los ojos de los circunstantes por la honda emoción de la «vidalita», entra por la derecha hecho una fiera Joaco FOSCARELLI, *marido de* ESPERANZA, *que viene a rescatar a su mujer y a cargarse a* MARTÍN.*)*

FOSCARELLI ¿Dónde está ese tuberculoso, que lo mecho?

(Confusión, susto general de división. Una pausa impresionante. MARTÍN *mide con la vista a* FOSCARELLI *y avanza hacia él lentamente con una calabacita de mate en la mano.)*

MARTÍN ¡Ven, que te doy un mate, pendejo!

(Otra pausa emocionantísima.)

FOSCARELLI Me habéis robao mi china y vengo a haseros pasar el Japón.

MARTÍN ¡Orientalista! ¿Sos amigo de García Sanchiz?

FOSCARELLI Soy amigo de merendarme vuestros hígados, no más.

MARTÍN Ansioso.

FOSCARELLI Dame mi china, Martín.

MARTÍN ¿Querés jugar al marro? China tengo, pero no vos la doy.

FOSCARELLI Pues yo vos la arrancaré.

MARTÍN ¡Inténtalo, dentista!

FOSCARELLI ¡A mí!

(*Le tira un viaje a* MARTÍN *con el cuchillo, pero* MARTÍN —*que no tiene ganas de moverse de la Argentina*— *esquiva el viaje. Varios segundos de horrenda lucha al cuchillo.* MARTÍN *aprovecha una descubierta de* FOSCARELLI *y le sacude una puñalada mayor de edad.*)

ESPERANZA ¡Ay!

(*Se desmaya.*)

FOSCARELLI ¡Repadua!

(*Cae muerto.*)

MARTÍN ¡Este es Martín Gómez! ¡Este es el «Niño de la pianola»! (*Rumor de espanto, de temor y de*

admiración.) ¡Y ahora! ¡Venga música, no más!
¡No ha pasao ná, hijitos! ¡Venga! ¡Música!
¡Venga el pericón nasional!

(*Los peones y las chinas cantan y bailan el pericón nacional.*)

¡Ta, ta, chun
tachím, tachún,
ta, ta, chun
tachím, tachún!
¡Tará, tará tachunda!...

(*Etcétera.*)

Los microbios del tifus

Drama en verso hecho a la manera de los superrealistas

La acción en los labios de una linda boca de mujer. LA MUJER en cuestión se llama Amanda Rochetti y es italiana y un poco frívola. Viste con una elegancia bastante Lanvín, pero esto no nos interesa. Anda con una emocionante laxitud, pero eso tampoco nos interesa. Su acento es dulcemente toscano, pero eso no nos interesa tampoco. Está casada. (Esto empieza a interesarnos.) Ama a otro individuo que no es su marido. (Esto ocurre con mucha frecuencia en Milán.) Se perfuma con J'ai la coeur remplí d'allègrese, cosa que nos interesa menos todavía, y su adorado se llama Eleuterio. ¡Para que se compenetre el lector del mal gusto de las mujeres elegantes! Aparece en grande el rostro de Amanda Richetti. Se ven sus ojos y sus labios. La dama se halla ante el tocador y se dedica a pintarse los labios. Seis microbios del tifus que estaban en sus labios sentados, jugando a las cartas, al sentirse inundados de «jugo de rosas» se levantan indignados. Los microbios se llaman... ¿Cómo se llaman? ¡Ah, sí! Se llaman a voces. Empieza la acción.

MICROBIO 1º ¡Vive Dios! ¡Es indignante!

MICROBIO 2º ¡Se está pintando otra vez!

MICROBIO 1º   ¡No hay un microbio que aguante
semejante estupidez!

MICROBIO 4º   ¡Esta situación me hastía!

MICROBIO 5º   ¡Nos embadurna de rojo
y así nos tiene en remojo
a todas horas del día!

MICROBIO 2º   ¡Estas maldecidas modas
que ahora siguen las mujeres!

(*Muerde el aire.*)

MICROBIO 3º   ¡Es igual que desesperes
porque ya las siguen todas!

MICROBIO 5º   ¿Y no podréis poner fin
vosotros que sois tan sabios,
a esto de untarse los labios
las señoras con carmín?

MICROBIO 3º   Creo la cosa imposible.
Aquí no hay más que emigrar
en globo o en dirigible
a las costas de Dakar,
que es un sitio apetecible
para ir a veranear.

MICROBIO 6º   Cultivas el humorismo,
pero no das soluciones.

Microbio 3º Yo no sé hacerme ilusiones
porque odio el ilusionismo.

Microbio 2º La indiferencia que finges
es vagancia disfrazada.
¡Pensemos, si no os enfada!

(Piensan todos rudamente durante una hora.)

Microbio 1º Yo me exprimo las meninges
y no se me ocurre nada...

Microbio 2º Meditemos...

Microbio 5º Meditemos...

Microbio 1º Meditemos sin cesar.

Microbio 3º (Pues yo, mientras estos memos
se mondan a meditar,
sin llegar a esos extremos,
me voy a desayunar.)

*(Se sienta en lo comisura del labio superior
de Amanda y se dispone a comerse un boca-
dillo de jamón. Pausa. Amanda se humedece
los labios con la lengua. Los microbios abren
sus paraguas y resisten la lluvia de diastasa
salivar. Cuando Amanda cesa en su operación
y cesa, por tanto, la lluvia, vuelven a cerrar
los paraguas.)*

MICROBIO 5º (*Dándose un golpe en la frente con un zapato.*)
¡Ya está! ¡La idea es fastuosa!

MICROBIO 6º ¿Se te ocurrió solución?

MICROBIO 5º ¡Abajo el «jugo de rosa»!
¡Cantemos una canción
para celebrar la cosa!

TODOS ¡Larán! ¡Larán! ¡Laranlarán!

(*Bailan contentísimos mientras el* MICROBIO
3º *come jamón.*)

MICROBIO 4º Habla, Microbio tercero.
Expónnos pronto tu idea.

MICROBIO 5º ¿No tenemos compañero
a la fiebre tifoidea?
¿Y no sabemos que Amanda
Rochetti tiene un amante?
Pues formemos una banda
con el tifus por delante
y cuando se besen los dos, ¡paf!, nosotros
armamos un cisco pasando de labios a labios y a los cuatro días Amanda y Eleuterio
la han diñado.

MICROBIO 2º ¿Y por qué no hablas ahora en verso?

MICROBIO 5º Porque no encontraba consonante para contar todo eso.

MICROBIO 1º   Jurémonos lealtad.

MICROBIO 4º   Nunca nos separaremos.
               ¡Y viva la mortandad!

TODOS   (*A coro.*) ¡Los mataremos! ¡Los mataremos!
               ¡Los mataremos!

               (*Lo repiten trece veces. Amanda y Eleuterio,
               con los ojos en blanco, se miran a lo profundo
               de las pupilas. Sus rostros se acercan poco a
               poco hasta que los enamorados se besan.*)

MICROBIO 1º   (*Enarbolando un sable en paso de ataque al
               frente de sus compañeros.*)
               ¡Adelante, compañeros!
               ¡Avancemos sin dudar
               para terribles y fieros
               el tifus inocular!
               (*Avanzan los microbios del tifus y pretenden
               trasladarse de los labios de Amanda a los la-
               bios de Eleuterio. Pero en aquel momento el
               MICROBIO 1º se detiene con el sable en alto.*)
               ¡Alto! ¡Alto, no avancéis!

MICROBIO 2º   ¿Qué es? ¿Qué sucede?

MICROBIO 4º   ¿Qué pasa?

MICROBIO 1º   Volvámonos pronto a casa
               o moriremos los seis.

MICROBIO 5º   ¿Pero, qué ocurre, tú?

MICROBIO 4° Hablaré en prosa, porque es una cosa seria
y los versos deben dejarse para los dramas
románticos y para otras cosas igual de frí-
volas. Lo que ocurre es que en los labios de
Eleuterio, hay, según acabo de ver, ¡doce microbios de peste bubónica!

TODOS ¡Mi madre!

*(Los microbios echan a correr como locomo-
toras enloquecidas y desaparecen. En vista de
eso se acaba el drama. A la semana siguiente,
Amanda y Eleuterio fallecen, pero los médicos
no se ponen de acuerdo acerca de si se han
muerto del tifus o de la peste bubónica.)*

REFLEXIÓN DEL AUTOR ¡Oh, el amor!

Muerte de Vornowieski

Drama que no tiene más remedio
que ser ruso y que tiene su acción
en la lejana y refrigerada Moscovia

Personajes	Varios; no sé cuantos, pero desde luego, más de uno.
Decoración	Una casa perdida, como un transeúnte extranjero, en la gran llanura nevada. Muebles y decorado apropiados al frío que hace. Bien visibles un retrato del ex Zar, una oleografía de Santa Sofía y una vista de Lugo, visto desde la carretera.

Al levantarse el telón, en escena Vornowieski *y* Katia. Vornowieski *es un hombre de unos cuarenta años, eminentemente reumático.* Katia, *una mujer de treinta que posee una de esas bellezas delicadas, que tanto se ven en los sanatorios y en las casas de préstamos de nueve a once de la mañana. Empieza la acción.*

Katia   Vete, Vora. ¡Vete! Pueden venir y sorprenderte.

(Vora *es el diminutivo ruso de Vornowieski.*)

Vora   Sé que pueden venir de un momento a otro y aunque viniesen y me sorprendieran, no me sorprenderían.

Katia   ¡Vete, por santa Olga de Pravia! ¡Vete!

Vora   No me iré sin abrazarte de un modo hercúleo y sin tomarme una taza de samovar.

Katia   Precisamente está ahí hirviendo.

(*Va hacia una cafetera rusa y se toma una taza de su contenido.*)

Vora   ¡Cruel destino el mío!

KATIA   ¿Te quejas de tu suerte?

VORA   Me quejo de mi destino, porque estoy empleado, como sabes, en las oficinas de Trostky y tenemos mucho trabajo.

KATIA   ¡Tú, un zarista, empleado en las oficinas del hombre que te hundió en la nada! ¡Oh, qué repugnancia!

VORA   Sabes que estoy allí para espiar, para hacer lo que hacen todos los hombres píos y buenos que quedan en Rusia.

KATIA   ¿Y Natacha Ruvalev, para qué está allí?

VORA   Natacha también es buena y también es pía.

KATIA   ¿Y ha descubierto algo?

VORA   Ha descubierto que tiene dos canas más que el año pasado.

KATIA   ¡Ay! Todos envejecemos rápidamente bajo este régimen bolchevique.

VORA   Para que luego digan los médicos que el régimen es excelente para criarse sano. (*Confidencial.*) ¿Sabes lo que le ha ocurrido a Iván Petroff?

KATIA   ¿Qué?

VORA   Lo han deportado a Siberia.

KATIA   ¡Dios mío! ¿Y por qué causa?

VORA   Por nada. Han buscado un pretexto ridículo para conseguirlo. Le acusan de haberse dedicado únicamente a los deportes, sin apoyar con su intervención la causa del bolcheviquismo.

KATIA   ¡Qué vileza! ¡Deportarlo por deportista!

VORA   ¡Calla! No hables alto. La paredes oyen, oyen muchas tonterías, pero oyen... y si alguien se enterase de que aquí aún reverenciamos la memoria del Padrecito...

        (*«Padrecito» es el nombre dado al zar en Rusia, Véase la «Historia de la incongruencia rusa», de Peterew.*)

KATIA   No me recuerdes lo de la memoria. Tómate el samovar y vete, Vora... ¿Has traído el trineo?

VORA   Está afuera.

KATIA   ¿Traes muchos perros?

VORA   Traigo catorce atados al trineo.

KATIA   Has debido traer algunos perros sueltos por si tenías que cambiar el tiro.

VORA   Yo no cambio nunca y por lo tanto no necesi-
            to llevar perros sueltos.

KATIA   ¡Silencio!

            (*Hace como que escucha un ruido que viene del*
            exterior.)

VORA   ¿Qué pasa?

KATIA   ¿No oyes ruido?

VORA   Serán mis perros, que cuando tienen hambre,
            se comen unos a otros las orejas.

KATIA   Es que creí haber oído pisadas. ¡¡Oh!!

            (*Da un grito horrendo, porque la puerta acaba*
            de abrirse y en el umbral se ha dibujado la figu-
            ra del comisario rojo PUCHERÍN, *seguido de ca-*
            torce guardias.)

PUCHERÍN   ¿No me esperabais?

VORA   ¡Pucherín!

PUCHERÍN   ¿El ciudadano Alejo Vornowieski?

VORA   Yo soy.

PUCHERÍN   Traigo orden de fusilaros.

VORA   Pues a la orden.

PUCHERÍN   ¿Qué?

VORA   Que estoy dispuesto.

KATIA   ¡Vora! ¡Vora!

VORA   Achántate y calla, Katia. Quiero que vean estos renos del Volga cómo fallece un antiguo zarista. ¡Viva Gogol!

PUCHERÍN   ¡Prevenidos!

(*Los soldados apuntan con sus fusiles a* VORNO-WIESKI.)

KATIA   ¡Vora! ¡Huye!

VORA   Nunca. Huir es de gacelas. Yo debo morir, porque es lo único que me falta por deber.

PUCHERÍN   ¡Fuego!

(*Suena una descarga herméticamente cerrada.*)

VORA   (*Cayendo.*) ¡Muero!

(*Se retuerce y expira.*)

PUCHERÍN   (*Volviéndose a los soldados.*) ¿Veis si es idiota? Se ha creído de veras que traíamos orden de matarlo y no ha sospechado que lo que queríamos era apoderarnos de su trineo. ¡Pronto! ¡Al trineo! Tocamos a dos perros por cabeza.

(*Hacen mutis mientras* KATIA *llora, abrazada al cadáver de* VORNOWIESKI.)

***

EL LECTOR   ¿Dice usted que eso es un drama ruso?

YO   Sí, señor. ¿Verdad que estremece?

EL LECTOR   ¡Es espantoso!

YO   Pues ya ve usted, luego aún habrá quien diga que yo no he estado en Rusia... ¡Estoy más harto de injusticias!

EL LECTOR   ¡Qué le vamos a hacer! En fin, le convido a usted a un vermut.

YO   Bueno, pero que sea con anchoas.

La venganza de Beppo

Comedia rudamente italiana,
cuya acción se desliza en una posada
situada cerca de Nápoles

Personajes   Al final de la comedia verán cuántos son.

Decoración   Habitación de una posada italiana. Muebles adecuados y comprados a plazos. Al foro, puerta para entrar y salir. En la izquierda, ventana para mirar al campo. En la derecha, lavabo para hacerse la toilette. Ambiente muy poético y dramático.

Al levantarse el telón, en escena Beppo *y* Franchetta. Beppo *es un hombre que me juego la
cabeza a que ya ha cumplido los cuarenta
años. Es un tipo groserote y algo repugnante.*
Franchetta *es una joven de unos veinte años,
dos de los cuales fueron bisiestos.* Franchetta *es hermosa cual la torre de Pisa y en unión
de* Beppo *ocupa la habitación donde se hallan
ustedes; es decir, donde se hallan ellos. Es de
noche.*

FRANCHETTA ¿Partes, Beppo?

BEPPO Sí, parto. La noche ha cerrado como un co-
merciante en domingo, y ya es hora de hacer el alijo.

(Beppo *es contrabandista.*)

FRANCHETTA ¿Quiénes te acompañan hoy?

BEPPO Martuchio y su hijo. Son gentes de fiar. En
caso de inutilizarme yo, no tendría inconve-
niente en entregarle el alijo al padre y en con-
fiarle el dinero al hijo.

FRANCHETTA ¿Y piensas sacarle al alijo dinero?

BEPPO   Ya me conoces. Yo le saco dinero al alijo, al
             hijo, al padre y al tío del padre y del hijo.

FRANCHETTA   ¡Eres terrible!

BEPPO   ¡Bah! Contrabandeo; eso es todo.

FRANCHETTA   Te amo por una cosa: ¡por valiente!

BEPPO   ¡Valiente cosa! ¡Pero, por la Madonna! Ya es
             tarde. Me voy aceleratto. Adío, Franchetta.
             ¡Deja que te arree un beso antes de partire!

             (BEPPO *coge a* FRANCHETTA *brutalmente por
             un brazo y le da tres mordiscos seguidos, los
             cuales dejan señal. Es bochornoso, pero todos
             los contrabandistas italianos besan de esa ma-
             nera. Yo he viajado mucho y por eso puedo
             decirlo.*)

FRANCHETTA   ¡Arrivedere, amore!

             (*Devuelve los besos a* BEPPO *porque pertenece
             a esa clase de mujeres que no acostumbran a
             quedarse con lo que les dan.*)

BEPPO   ¡Las armas!

FRANCHETTA   ¡È vero!

             (*Hace mutis y vuelve con doce pistolas y vein-
             te puñales que* BEPPO *se ciñe alrededor del
             cinturón.*)

BEPPO   ¡¡Adío, carina!!

FRANCHETTA   Que la Madonna de Portinari te saque con bien.

> (BEPPO, *tras un último beso feroz, hace mutis por el foro Al abrir la puerta, un turbión de agua invade la estancia. Dentro se oye relampaguear de un modo que eriza el vello y el feo. Enseguida suena alejándose la voz de* BEPPO *que se marcha cantando.)*

BEPPO   *(Dentro.)*
¡La vita é facile
la vita é bella!
¡Golfo di Napoli!
¡Civitta Vecchia!

> *(La voz se va apagando como las bombillas Osram.)*

FRANCHETTA   ¡Ya se va! Canta para que los carabinieri no sospechen que es un contrabandista. ¡Madonna, cuánto sufro! Si Beppo sospechase que le engaño con Fescciullo, el carabinieri del próximo cuartelillo... *(Por la ventana suenan unos golpecillos.)* ¡Oh, Fescciullo!

> *(Va a la puerta, la abre y entra* FESCCIULLO, *que es un carabinero con bigotes «a la alpinista», es decir, con guías.)*

FESCCIULLO   ¡Amata mía!

FRANCHETTA   ¡Rudolfo!

(*Se abrazan con ansias napolitanas.*)

FESCCIULLO   He visto salir a tu maritto...

FRANCHETTA   Iba de contrabando.

FESCCIULLO   Dejémosle que alije el tabaco y las sedas que quiera; mientras tanto tú y yo podemos cantar la tonada del amor eterno.

FRANCHETTA   ¡Por Edmundo de Amiers, cuánto te amo!

FESCCIULLO   ¿Es de veras? También mi corazón choca y late por ti.

FRANCHETTA   ¿Choca y late? ¡Riquísimo!

(*Se besan de un modo que es una vergüenza. Yo no diría nunca esto, pero es que los italianos son tan apasionados... En fin, viajen ustedes por Italia y se convencerán.*)

Dos horas después

BEPPO   (*Abriendo bruscamente la puerta del foro, entra y la vuelve a cerrar a escape. En su rostro se pinta la tragedia más horrorosa.*) ¡Por san Franchesco de Asís, qué espanto! ¡Yo que creía que Martucchio y su hijo eran unos buenos compañeros! Resulta que nada más hacer el contrabando han dicho que si yo moría tocarían ellos a más, y se han liado a tiros conmigo de un modo que, si no corro, me hacen la autopsia. Ahora están apostados ahí fuera y en cuanto salga me sacuden cien balazos... *(Suenan dentro dos tiros.)* ¿No lo dije? ¡Qué bestias de los Apeninos!

FRANCHETTA *(Saliendo por la derecha con* FESCCIULLO, *al oír los tiros.)* ¿Qué tiros son esos? *(Con terror.)* ¡Oh! ¡¡Beppo!!

FESCCIULLO ¡El marido! ¡Me la he buscatto!

BEPPO *(Comprendiendo «lo que ocurre» de una ojeada y formando su plan instantáneamente.)* Salud, Fescciullo. Ya comprendo. Amas a mi mujer. ¿Qué va a hacerse? Todos hemos tenido estas aventuras a los veinticinco años. Vete, te perdono.

FESCCIULLO Eso se llama ser un buen hombre. ¡Adiós, Beppo! ¡Adiós Franchetta. *(La besa.)* Volveré mañana a la misma hora.

BEPPO *(Aparte.)* ¡Miserable!

FESCCIULLO ¡Adío!

(Se va por el foro y nada más salir Martucchio y su hijo, que están apostados, lo fajan a tiros.)

FRANCHETTA ¡Dios mío! Han matado a Rudolfo.

BEPPO	Sí. Es mi vendetta, vulgo venganza.

***

EL LECTOR	¡Vaya una venganza italiana, eh!
YO	¡Ah! Pues eso en Italia ocurre todos los días.
EL LECTOR	Usted debe conocer muy bien todo lo italiano, ¿no?
YO	Sí. Ya hace dos meses que voy a la escuela Berlitz.
EL LECTOR	¡Ah!

El santo de Adelaida

Personas	WENCESLAO Nevares, diez y siete años, estudiante del sexto año del bachillerato, muy tímido, con la timidez del que aún no se ha lanzado a enamorar a ninguna mujer. ADELAIDA Mendiriola, cuarenta años, viuda de tres esposos legítimos, muy decidida, con la decisión de quien ha bogado mucho en el paquebote del amor.

WENCESLAO *está que tropieza por* ADELAIDA, *antigua amiga de sus padres, y va a visitarla con el pretexto de felicitarle sus días. La viuda recibe a* WENCESLAO *con una afabilidad que acorta más aún el valor del joven.*

ADELAIDA   ¡Por Dios, Wencesladito, no se quede en la puerta, que hay mucha corriente!

WENCESLAO   *(Sin moverse, porque la timidez lo tiene atornillado al pavimento.)* No, no, señora; si no me quedo.

ADELAIDA   ¡Pero pase usted, criatura!

WENCESLAO   ¡Sí, claro!... Ya paso, ya...

(Y sigue como un poste.)

ADELAIDA   *(Se levanta y lo coge por un brazo.)* ¡Qué demonio de muchacho! Continúa usted tan tímido como en la época de la dentición. Siéntese aquí, a mi lado... *(Se sientan juntos en un confidente.)* Siempre ha sido usted igual de cobarde. Recuerdo que cuando era chiquillo y yo iba a ver a su mamá en vida de mí Heliodoro, usted se metía debajo del diván para que no le hablásemos...

WENCESLAO   (*Hecho un lío.*) Sí, eso es: debajo del diván.

ADELAIDA   Pero es una ridiculez que te trate de usted.
              Desde ahora te llamaré de tú. ¡Por Dios!...
              Si casi puedo ser tu madre...

WENCESLAO   (*La contempla con la boca abierta.*) ¡Mi madre!

              (WENCESLAO *trae en la mano un ramo de flo-*
              res y, como está tan azorado, lleva el ramo
              debajo del brazo, cual si fuera un plumero.)

ADELAIDA   ¡Tu madre, sí, señor! Naciste precisamen-
              te el año de mi segundo matrimonio... ¡jus-
              to: el novecientos seis! Yo tenía veintitrés
              años...

WENCESLAO   Y yo entonces era muy pequeño...

ADELAIDA   ¡Pequeñísimo! Pesabas cuatro kilos y sete-
              cientos...

WENCESLAO   (*Que va de tumbo en tumbo.*) Cincuenta y uno
              menos que ahora... (*Hay una pausa;* WEN-
              CESLAO *comprende que debe decir algo más es-*
              piritual, pero no se le ocurre nada. En vista de
              ello, inicia una risita.) Je, je...

ADELAIDA   (*Dándole ánimos.*) Y esas flores ¿son para tu
              novia?

WENCESLAO   (*Súbitamente serio.*) Sí: es decir, no. Son para
              usted.

ADELAIDA   ¡Ah!

WENCESLAO   (*Tomando carrerilla como si fuese a saltar.*)
             Son para usted, porque tengo mucho gusto
             de regalárselas en el día de su santo. Claro
             que no tienen ningún valor para usted, que
             habrá recibido tantos regalos; al fin y al cabo
             lleva usted muchísimos años celebrando su
             santo y...

             (*Súbitamente se calla, aterrado por lo que aca-
             ba de decir, que resulta una ofensa para* ADE-
             LAIDA.)

ADELAIDA   (*Enrojeciendo ligeramente, pero dándose cuen-
             ta del mal rato que está pasando* WENCESLAO.)
             Son muy bonitas... (*Coge las flores y las hue-
             le.*) ¡Qué perfume tan delicioso!

WENCESLAO   Son rosas, que siempre resultan más bara-
             tas. Porque, claro, no valía la pena de gas-
             tarse...

             (*Y esta vez, ante la barbaridad que ha emiti-
             do, se queda mudo y casi sordo.*)

ADELAIDA   (*Como si no lo hubiese oído.*) No sabes cuán-
             to te las agradezco... A mí las rosas me en-
             cantan.

             (*Una nueva pausa, durante la cual* ADELAIDA
             coloca las flores en un búcaro.)

WENCESLAO   (*Dando forma a una idea que le bulle en el ce-rebro.*) Si usted quisiera ponerme una rosa en la sopala...

ADELAIDA   ¿En la qué?

WENCESLAO   (*Que ya no ve casi.*) Aquí, en el ojal de la pa-sola.

ADELAIDA   (*Comprendiendo y riendo.*) ¡Ah, ya! (*Le colo-ca una rosa en la solapa.*) Eres muy bromista.

WENCESLAO   (*Queriendo borrar con una hombrada el ri-dículo de sus anteriores niñerías.*) Y usted es una mujer que...

(*Pero se atraganta y no sigue.*)

ADELAIDA   (*Le da un empujón moral.*) ¿Qué?

WENCESLAO   Que... ¡vamos, que...! (*Un silencio angustio-so.*) ¿A cuántos estamos hoy?

ADELAIDA   (*Para su coleto.*) ¡Pobre chico! (*A* WENCES-LAO, *a cuya vera se sienta de nuevo.*) A jue-ves. Pero eso no tiene importancia. ¿Estu-dias mucho?

WENCESLAO   (*Viendo un cable al que asirse.*) No; no puedo.

ADELAIDA   ¿Por qué? ¿Estás enfermo acaso? (*Coloca un plano inclinado para que* WENCESLAO *se des-lice.*) ¿O es que estás enamorado?

WENCESLAO   Sí, eso. *(Deja escapar su entusiasmo en forma poco exquisita.)* ¡Estoy enamorado como un animal!

ADELAIDA   ¡Jesús! ¿Es que no te corresponde la dama de tus pensamientos?

WENCESLAO   No sé... *(Se da cuenta de pronto de que la línea recta es el camino más corto entre dos puntos.)* ¿Qué le parezco a usted?

ADELAIDA   *(Para la estocada con el florete de la experiencia.)* Un muchacho muy amable.

WENCESLAO   *(Toma más bríos que Bayardo.)* Digo como hombre.

ADELAIDA   Cuando yo digo que eres muy bromista...

WENCESLAO   *(Apremiante, con el valor súbito y pasajero de los tímidos.)* ¡Hablo en serio!

ADELAIDA   *(Un poquito cortada ante el ímpetu del adversario.)* Pero, hombre, ¡cómo te pones! Me pareces inteligente, guapo, simpático...

WENCESLAO   *(Hecho una fiera en el ataque.)* ¡Es que yo estoy loco por usted! ¡Es que me gusta usted de un modo que espanta! ¡Es que es usted la mujer más linda que conozco!

ADELAIDA   ¡Criatura!

(*Se levanta.*)

WENCESLAO   (*Se levanta también.*) ¡Es que si usted no me quiere, yo hago una brutalidad!

ADELAIDA   ¡Oh, oh, Wenceslao!

(*Va al timbre y llama.*)

WENCESLAO   ¡No llame usted, no me eche usted! Si usted no me quiere, me voy al Tercio.

ADELAIDA   Wenceslao, te aseguro que yo...

WENCESLAO   ¡Si usted me echa sin contestarme, me mato y la mato, digo la mato y me mato!

(*Lector, considera que* WENCESLAO *tiene diez y siete años y es un tímido.*)

UNA DONCELLA   (*Apareciendo en la puerta.*) ¿Llamaba la señora?

WENCESLAO   ¡No!

ADELAIDA   ¡Sí!

WENCESLAO   (*Cae abrumado en un sillón.*) ¡Oh!

ADELAIDA   (*A la* DONCELLA.) Ponga usted dos cubiertos en la mesa, porque el señorito Wenceslao come conmigo.

WENCESLAO   *(Se levanta entusiasmado.)* ¡Ah!

La última entrevista

En el estudio del dibujante FÉLIX *Entralgo, un atardecer de otoño. Esta tarde,* FÉLIX *espera a* HORTENSIA. HORTENSIA *es una amiga admiradora, atacada por el estafilococo de la aventura. Linda, simpática, es capaz de hacer la felicidad... de cualquiera que no sea su marido. Porque* HORTENSIA *es casada, mal casada, como casi todas las mujeres españolas, que tienen que soportar a los hombres más groseros del mundo.* HORTENSIA *y* FÉLIX *se han amado y han satisfecho un capricho al amarse. Ahora ambos están hartos uno de otro y esperan que sea la de esta tarde la última entrevista.*

DONCELLA   Señor... Ahí hay una señora, que...

FÉLIX   Que pase. (*La* DONCELLA *se va guiñando un ojo, tal vez porque se le ha metido una china en el párpado. Otra pausa y entra* HORTENSIA, *elegantísima, bajo un sombrero negro y su capa de martas cebellinas. Trae un paquetito en la mano.* HORTENSIA *«se hace las cejas», las cuales están convertidas en unas líneas arqueadas y dan a su rostro, como el lector habrá observado en la mayor parte de las mujeres, la apariencia del semblante de un* clown. *Viene perfumada intensísimamente con «Indian Hay»*).¡Hortensia!

(Avanza hacia ella y la hace pasar.)

HORTENSIA   ¡Oh!

(Y se cree en el caso de entristecerse; todas se entristecen en trances parecidos.)

FÉLIX   ¿Viniste por fin?

(La primera estupidez que se articula es esta casi siempre.)

HORTENSIA   ¡Haces de mí lo que quieres!

(Y esta suele ser la segunda estupidez.)

FÉLIX   ¡Dulce amor mío!...

(Lo cual ya no es estupidez, sino terrible cursilería que tampoco falla jamás.)

HORTENSIA   ¡Félix!... ¡Félix, esto no puede repetirse!

(Frase topística en tales casos. En la primera entrevista, la dama que juega al chito con la fidelidad matrimonial pronuncia inevitablemente estas palabras y luego, seis años más tarde, al cabo de unas dos mil ciento treinta y siete entrevistas culpables, vuelve a repetirla. Esto tiene su explicación en ese fenómeno físico que se llama «inercia del movimiento».)

FÉLIX   (*Que, como se ha dicho, está hastiado de* HOR-
             TENSIA *y se halla completamente de acuerdo.*)
             Tienes razón, no puede repetirse.

HORTENSIA   Esta de hoy será nuestra última entrevista.

FÉLIX   ¡Sí!... ¡Nuestra última entrevista!...

HORTENSIA   (*Con una de esas deliciosas incongruencias en
             las que son maestras casi todas las mujeres.*)
             ¡Félix! ¿Es posible que hables así? ¿Tendrás
             corazón para que no volvamos a vernos?...

FÉLIX   (*Sin asombrarse, porque sus muchas aventuras
             le han habituado a la incongruencia femenil.*)
             Es preciso...

HORTENSIA   (*Cruza las manos con gran precaución, para no
             lastimarse con las sortijas.*) ¡Dios mío!

FÉLIX   (*Lleno de moralidad y buen sentido, el buen
             sentido y la moralidad de los amantes perse-
             guidos por el tedio amoroso.*) Tu marido es un
             excelente hombre, créeme; él no es acreedor
             a este proceder; hemos sido unos miserables,
             Hortensia.

HORTENSIA   (*Que encuentra muy teatral y de gran efecto de-
             jarse caer anonadada y sin fuerzas en un sillón.*)
             ¡Oh, sí! ¡Hemos sido unos miserables!

             (*Hay una pausa que resulta impresionante, por-
             que el silencio es lo más elocuente de la palabra*

humana. HORTENSIA *piensa en que, al caer en el sillón, se le ha torcido el sombrero.)*

FÉLIX   La vida ha sido muy cruel con nosotros...

HORTENSIA   *(Como un eco en las fragosidades de Peñalara.)* Muy cruel...

     *(*FÉLIX *se sienta en otro sillón, y hay un nuevo silencio.)*

FÉLIX   ¿En qué piensas?

HORTENSIA   *(Que no pensaba en nada, pero que comprende que debía pensar en algo.)* En que nos hemos amado excesivamente para alcanzar la felicidad.

FÉLIX   *(Escuchándose y aplaudiéndose interiormente los párrafos.)* La felicidad no la da el amor, que es un concepto demasiado intrínseco. ¡La felicidad!... ¿Sabemos dónde hemos de hallarla? Nos esforzamos en hacer un paraíso de la existencia... y la existencia no es más que un relámpago entre dos noches infinitas...

HORTENSIA   *(Retocándose los labios ante el espejito de su bolso.)* Tienes razón. La vida es una aventura estúpida.

     (Ya hemos quedado en que todas las damas tienen que retocarse los labios en estas entrevistas.)

FÉLIX   Y para otros, sin embargo, resulta maravillosa. *(Asombrado de las sutilezas que están diciendo.)* En el fondo creo que al buscar la felicidad, excluyendo todo elemento de adquisición difícil, como las riquezas, el amor, los honores, tiene razón Epicuro.

HORTENSIA   *(Patinando.)* ¿Epicuro es algún señor amigo tuyo?

FÉLIX   *(A quien su congénita delicadeza prohíbe tirarle a* HORTENSIA *un pisapapeles.)* Sí; es un amigo mío.

HORTENSIA   *(Pensando en Epicuro como un posible sustituto de* FÉLIX.*)* ¿Dónde vive?

FÉLIX   *(Contento, porque adivina la intención de la pregunta.)* En Boston.

HORTENSIA   ¿Qué es?

FÉLIX   Fabricante de chanclos.

HORTENSIA   ¡Huy, qué raro!

FÉLIX   *(Considerando que su mujer va a volver de un momento a otro.)* Es tarde; tendrás que irte, Hortensia.

HORTENSIA   *(Suspirando sin ganas se levanta.)* ¡Ay! Sí. *(Tiende su mano a* FÉLIX.*)* ¿Amigos?

FÉLIX   *(Le estrecha la mano.)* De siempre.

HORTENSIA   *(Llora, para lo cual se ha visto precisada a pensar cosas tristes.)* Adiós, Félix...

FÉLIX   Adiós, Hortensia...

HORTENSIA   Adiós... *(Piensa hacer mutis sin dejar de mirar a* FÉLIX, *lo cual es preciso reconocer que resulta muy delicado; pero no mide bien las distancias y se da un golpe con el marco de la puerta.)* ¡Ay!

FÉLIX   ¡Atiza!

             *(*HORTENSIA *se va sin volver el rostro. Una pausa que dura veinte minutos. De pronto, repiquetea el timbre de la puerta, y segundos después entra en el estudio* ANA CECILIA, *la mujer de* FÉLIX. *Viene muy contenta.)*

ANA CECILIA *(Entra.)* ¡Ya estoy aquí! *(Se detiene de pronto y arruga las naricillas.)* ¡Chico, Félix! Aquí huele un horror a perfume... Aquí ha estado una mujer...

FÉLIX   *(Sonríe con expresión de idiota.)* ¡Qué cosas dices! ¡Una mujer!...¡Mira que una mujer!... *(Su mirada vacilante se detiene en el sillón donde estuvo sentada* HORTENSIA, *y en el que ha quedado olvidado el paquetito y en cuya envoltura se lee «Indian Hay, el rey de los perfumes». El dibujante se tranquiliza.)* ¡Tontina! Aquí no ha estado ninguna mujer. Es que he ido un momento a la calle de Peligros y te he comprado este frasco de esencia...

(*Le da el paquetito.*)

Ana Cecilia   ¡Qué bueno eres!...

Lo que se piensa en siete minutos

Una advertencia, lector amable y divina lectora: como ya el título lo indica he estampado más abajo lo que un hombre y una mujer piensan en siete minutos. Para lograr este cuadro comparativo me he valido de los rayos W, invento mío, por medio de los cuales leo en el cerebro de los demás. Lo advierto para que no te extrañe la justeza del trabajo. Dicho lo cual me retiro por el primero izquierda. ¡Salud y optimismo!

Lugar de la acción, un vagón del Metropolitano Alfonso XIII. En la estación de Chamberí suben al convoy EL HOMBRE *y* LA MUJER. *El primero es un caballero de unos treinta años, desenvuelto, ágil, inquisitivo en el mirar, dulce y algo irónico en la sonrisa.* LA MUJER *es una dama de unos veinticuatro años, elegantísima, distinguida sin afectación, amable sin coquetería. Las siete y media de la tarde. Como ya se habrá comprendido, el diálogo y los monólogos son mentales nada más. Empieza la acción.*

EL SILBATO DEL EMPLEADO   ¡Pí, pí, pí!

LAS PUERTAS AL CERRARSE   ¡Tras! ¡Tras! ¡Tras!

EL TREN, PONIÉNDOSE EN MARCHA   ¡Tocotoco, tocotoco, tocotoco, tocotoco!

LA MUJER   ¡Qué golpes tan molestos los de las puertas! ¿Me habrán cerrado los almacenes? ¡Salgo siempre tan tarde! No sé lo que me ocurre que el día que menos, tardo una hora en arreglarme. ¡Huy, ahora que me acuerdo! ¡He dejado la llave de mi «bureau» puesta! ¿Apuesto a que Pepita *(Pepita es la doncella)* me ha cogido papel para escribir a su novio!... Tengo una memoria fatal... ¡Uf! ¡Qué calor!... *(Mirando*

*a un grupo de gentes del pueblo que se apiña a
su alrededor.)* ¿Por qué olerán tan mal los pobres? *(Se acuerda de su espléndido cuarto de
baño.)* ¡Con lo adorable que es el agua!... Si el
pueblo bajo se bañase todos los días, no habría revoluciones. *(Lanza una ojeada por el vagón y lee instintivamente los anuncios.)* «Ros-
mariol...», «Sal de frutas Heno...», «Máquinas
Gillette...», «Se prohíbe fumar...», «Kolynos...»,
«Hotel de ventas...», «Básculas Toledo...».
(Descubriendo a EL HOMBRE, *que tiene los ojos
fijos en ella.)* ¡Oh!

EL HOMBRE *(Al entrar en el vagón el último.)* ¡Caramba, si
me descuido me pilla un pie la puerta al cerrarse! ¡Qué barbaridad, cómo apesta este coche! *(Mira a un hombre que vuelve de los Cuatro Caminos con la tartera de la comida.)* ¿Será
incompatible el trabajo normal con el afeitar-
se todos los días? *(Ve a una mujer raquítica, fe-
ísima, llena de arrugas, que viaja a su lado.)* ¿En
qué estaría pensando el que llamó a las mujeres sexo bello? Y es que en nada se puede
generalizar. Siempre hay excepciones. Las excepciones son las piruetas que de vez en cuando dan las leyes inmutables. ¿Encontraré a
Jiménez en su casa? A lo mejor, se ha ido fuera sin avisar... ¡Qué perjuicio me causaría! Si
no veo a Jiménez a las ocho, sufrirá un grave
quebranto el negocio... *(Descubre a* LA MUJER.)
¡Caramba, qué maravillosa criatura!... Muy
bonita... ¡Pero muy bonita!,.. ¡Qué dulcísima
expresión la de esa cara!... ¿Por qué no sabré

yo dibujar? Si supiera, le haría ahora mismo un apunte y podría contemplarla siempre. Y así, ¿quién sabe si no volveré a verla? ¡Es preciosa!... ¡Qué trazado tan admirable debe tener esa criatura!... Y parece inteligente... El casarse se justifica con mujeres así... Y a lo mejor resulta fiel: hay mujeres extraordinarias...

LA MUJER   ¡Vaya un hombre simpático!... ¡Y qué bien viste!... ¡Será casado!... Un hombre así tiene que verse necesariamente perseguido por las mujeres. (*Aprieta los labios con rabia.*) ¡No quiero pensarlo!

EL HOMBRE   ¡Huy, qué gesto ha hecho! Debo parecerle antipático...

(*¡El pobre no puede leer en el pensamiento de ella!*)

LA MUJER   ¡Malo! Ha dejado de mirarme... Eso es que no le gusto. Pues me parece que yo no soy fea; ese hombre es un estúpido. ¿Hoy es doce o trece? Doce, debe de ser doce; justo, ayer escribí a Luisita y puse fecha once... ¡¡Ah!!... (*Se estremece de júbilo.*) Me ha mirado otra vez...

EL HOMBRE   Soy tonto. Toda mujer agradece estos homenajes. Y esa no debe de estar comprometida, porque no la ha besado ningún hombre. Las bocas ya besadas tienen un color especial. ¡Qué ojos! ¿Por qué me enloquecerán las mujeres de ojos verdes?

LA MUJER   Tiene cara de favorecido. La de criaturas que
le habrán dicho: «¡Te quiero!». Pero yo se lo
diría mejor que ninguna. ¡Qué rabia haber nacido mujer; no me puedo declarar a él! Claro
que, si no fuera mujer no me gustaría. ¡Entonces es que me gusta! (*Asustada.*) ¿Me gusta?... (*Sincera y algo conmovida.*) ¡Huy, ya lo
creo que me gusta!... ¡Si me oyese tía Celia!...
¡O si me oyese él!... ¡Qué vergüenza!

EL HOMBRE   ¡Jaime, estás haciendo el tonto! Esa mujer te
mira como puede mirar al empleado que cie-
rra las puertas: no te hagas ilusiones... ¿Y por
qué no he de hacerme ilusiones? También se
enamoraron de mí Leticia, Angelines, Márga-
ra, Jeannette, Consuelito, Pilar, Carmina, Lucila..., etc. (*Una fila interminable de nombres
cruza por su cerebro.*) No soy grano de anís,
ciertamente. ¡Ea, a ella!

(*Comienza a mirarla con la fijeza y el deteni-
miento de un entendido.*)

LA MUJER   (*Sofocada.*) ¡Cómo me mira! ¡Qué calor hace
aquí! Y tiene unos ojos interesantísimos... No
he visto en mi vida un hombre tan simpático.
Hasta me hace gracia su nariz, y eso que es
algo respingoncilla, y en un hombre... ¡Bah!
En cambio, yo la tengo demasiado aguileña
para ser mujer. ¡Anda! ¿Pues no sonríe al mirarme? ¡Qué sinvergüenza, qué descaro! ¡La
verdad es que un hombre tímido resulta tan
ridículo! Federico tiene razón. (*Federico es su*

hermano.) A las mujeres nos gustan los hombres decididos. Sobre todo a las que no tenemos compromiso, porque el día que yo me comprometa con ese muchacho, me molestarán los hombres atrevidos. ¡Ay, Dios mío, qué de prisa voy! Soy un pájaro muy madruguero.

El Hombre «Convencida y conquistada», como canta el barítono de «La canción del olvido». Esa manera de mirar es sintomática. Bueno, por esa mujer me hacía yo cura. ¡Caramba, cura no, que tienen voto de castidad! Pero me casaba con ella muy a gusto. Estoy harto de hacer el loco. Después de todo, si una mujer me hubiese querido como hacía falta, yo sería un excelente padre de familia. Los que abominan del matrimonio o son unos fracasados en amor o son unos ingenuos que se las dan de pillines. No sé quién dijo que «el matrimonio es un viaje muy largo para hacerlo en mula». Conformes... Pero si me caso con esta mujer, preveo que no haré el viaje en mula, sino en «sleeping». Y, a ser posible, por la «P. L. M.». (*Clava sus ojos en los de ella.*) ¡Qué bonita, pero qué rebonita!

La Mujer (*Que no ha oído, pero sospecha lo dicho.*) ¿Sí?

(*Comienzan a hablar los ojos que, libres de convencionalismos, se tutean.*)

Los ojos del Hombre ¡Preciosa!

LOS OJOS DE LA MUJER ¿De veras?

LOS OJOS DE ÉL   ¡Cómo te querría yo!

LOS OJOS DE ELLA   Pues yo no.

LOS OJOS DE ÉL   No te creo.

LOS OJOS DE ELLA   Bueno, eres un tonto.

LOS OJOS DE ÉL   ¿Estás comprometida? Si lo estás, lo siento por el otro.

LOS OJOS DE ELLA   No lo estoy. ¿Pues qué habías creído? ¡Vaya!

LOS OJOS DE ÉL   ¿Puedo acercarme a ti?

LOS OJOS DE ELLA   Con buena intención, sí.

LOS OJOS DE ÉL   Entonces, voy.

LOS OJOS DE ELLA   ¡Así lo quiere la fatalidad! ¡Ya viene, ya viene!

EL EMPLEADO   ¡Sol! ¡La salida por el centro!

(Salen los dos viajeros.)

EL HOMBRE   *(Se acerca a* LA MUJER.*)* Señorita...

LA MUJER   *(Finge gran asombro y como si se indignase.)* ¡Caballero!

| EL SILBATO DEL EMPLEADO | ¡Pí, pí, pí! |
| LAS PUERTAS AL CERRARSE | ¡Tras! ¡Tras! ¡Tras! |

Los fantasmas

«La fuerza más grande del Universo es el espíritu».
Channing.

I

Madrid. Sábado. Las seis de la tarde. En un saloncito de cierto casino hispanoamericano, Carlos MALDONADO, *cuarenta y cinco años, ex ministro; César* ALONSO, *rico, cuarenta años, y Ernesto* ZABALZUDA, *treinta y seis años, escritor, platican.*

MALDONADO No comprendo cómo usted, Zabalzuda, que es un hombre cultísimo, puede reírse de estas cosas. Channing dijo que «la fuerza más grande del universo es el espíritu».

ALONSO *(Que no sabe nada de Channing.)* ¡Naturalmente! ¡Lleva razón! ¡Y Channing era alguien! ¿Eh? ¿Qué dice usted a eso?

ZABALZUDA La filosofía, como la escultura, no ha adelantado un paso desde los paganos hasta nuestros días.

MALDONADO ¡Hombre!

ZABALZUDA ¡Lo que usted oye! Los filósofos que han venido después no han hecho sino disfrazar las antiguas ideas con nuevas palabras. Tomás Moro, Proudhon y Renán han imitado a Platón; nada más. Y las doctrinas feministas de hoy, que nos parecen el colmo de la originalidad, las ideó Platón también. «Nihil novum...».

MALDONADO   Nos apartamos de la cuestión. Channing habla de la supremacía del espíritu y tiene razón. El espíritu y la materia son inmortales, puesto que en la naturaleza nada se crea y nada se pierde, según el principio filosófico. Es posible que un muerto se nos aparezca.

ALONSO   (*Que no sabe nada del principio físico.*) ¡Naturalmente! Lo dice él principio físico... ¿Eh?... ¿Qué le parece a usted?

ZABALZUDA   Desde Buddha a Jesús todas las religiones han hablado de una postvida, de un «más allá», de un premio o un castigo al otro lado de la tumba.

MALDONADO   Entonces...

ZABALZUDA   Pero, a pesar de ello, no creo en las apariciones de los muertos.

MALDONADO   ¿Y si yo le trajese a usted fotografías de fantasmas hechas por mí?

ALONSO   (*Que no sabe nada de ocultismo.*) ¡Fotografía de fantasmas!... ¿Eh?... ¿Qué dice usted a esto?

ZABALZUDA   Tráigalas el lunes, Maldonado. Me regocijarán extraordinariamente.

II

Las ocho de la noche. ZABALZUDA *sale del casino. Llueve. Bajo su paraguas, Ernesto comienza a remontar la calle de Alcalá. En dirección contraria camina* ÁNGELES *de Urbín, veinticinco años, preciosa, preciosísima, sin paraguas.* ZABALZUDA, *al verla, gira sobre sus talones y se va detrás. En la esquina del Banco de España la aborda.*

ZABALZUDA   Señora... Señora... *(Silencio por parte de ella.)* Lamentaría que fuese usted señorita, porque las señoras me enloquecen. Y celebro esta lluvia tan pertinaz, porque así puedo permitirme ofrecerle mi paraguas. *(Silencio.)* Ya comprendo que el paraguas es un chisme antiestético. Coloquémosle un paraguas entre los dedos a la «Minerva» del Vaticano y la convertiremos en algo tan lamentable como una estrella de «varietés». Sé que sus cabellos rubios prefulgen de un modo maravilloso al beso del agua; pero me duele que se moje esa admirable capa de «georgette» que usted lleva con tanta elegancia.

ÁNGELES	(*Que ha salido a pie para lucir su capa y no ha podido lucirla a causa del aguacero.*) Caballero, es usted muy amable.
ZABALZUDA	Y usted es muy encantadora.
ÁNGELES	Pero tenga la bondad de retirarse, Soy una mujer honrada.
ZABALZUDA	(*A quien se le escapa el pensamiento.*) ¿Y eso qué importa?
ÁNGELES	¡Caballero!
ZABALZUDA	Quise decir que eso no impide que acepte usted mi paraguas.
ÁNGELES	De ningún modo.
ZABALZUDA	Yo se lo suplico.
ÁNGELES	(*Coge el paraguas.*) No puedo aceptarlo.
ZABALZUDA	(*Se mete debajo del varillaje que* ÁNGELES *lleva en su diestra.*) En ese caso, me retiro...
ÁNGELES	(*Riendo.*) Es usted el diablo.
ZABALZUDA	Y, sin embargo, ahora estoy en la gloria.
ÁNGELES	(*Mirándole fijamente.*) ¿De veras?

(*Media hora de charla. Al cabo de la media hora, en un portal del final de la calle de Serrano.*)

ZABALZUDA   ¿Dónde mañana, Angelines?

ÁNGELES   Va usted muy deprisa.

ZABALZUDA   Hemos nacido el uno para el otro.

ÁNGELES   He sido yo sola la que ha nacido para el otro.

ZABALZUDA   (*Muerde el aire con rabia.*) ¡El otro!... ¡Ah!

ÁNGELES   (*Sonríe.*) ¡Qué miedo!

ZABALZUDA   Ángeles, ¿cuándo?

(*Adverbio delicioso y tremendo para toda mujer.*)

ÁNGELES   Suba usted y se secará un poco, pobrecito. Le daré una taza de té.

ZABALZUDA   (*Mentalmente satisfecho.*) ¡Ya apareció el té! (*En el ascensor. Al pasar por el entresuelo.*) Es usted exquisita.

ÁNGELES   ¡Por Dios!...

(*Al pasar al primer piso.*)

ZABALZUDA   ¡Jamás vi una boca tan apetecible!

ÁNGELES   ¡Ernesto!

                (Al pasar por el segundo piso.)

ZABALZUDA   Ángeles, nena...

ÁNGELES   ¡Oh!
                (Al llegar al tercer piso.)
                Ris, ras, ris...
                *(El ruido de unos besos. Dos horas después.
                En casa de* ÁNGELES.*)* Él me dijo que no ven-
                dría hasta la madrugada.

ZABALZUDA   *(Fanfarrón.)* ¡Puede venir si quiere!

                (Suena un llavín, girando en la cerradura.)

ÁNGELES   ¡Mi marido!

ZABALZUDA   ¡Mi madre!

ÁNGELES   ¡Escóndete en el pasillo, y cuando él entre
                aquí, te vas! ¡Aún estará el portal abierto!

                *(Ernesto se esconde en el pasillo, que está a
                oscuras. Entra el marido en la casa; se ale-
                jan sus pasos en el interior. Ernesto se dirige
                a la puerta en puntillas. Tiene la mano sobre
                la cerradura, cuando en el recibimiento bro-
                ta una claridad súbita. Ernesto pierde la ca-
                beza y un zapato, y huye vertiginosamente.)*

III

Lunes. Las seis de la tarde. En el mismo saloncito del mismo casino.

MALDONADO (Enseñando unas fotografías en las que se ven unas formas astrales cubiertas por blancos sudarios.) Vea usted, Zabalzuda, estas doscientas cincuenta y seis fotografías, sacadas por mí, en mi propia casa. ¿Channing tiene o no razón al decir lo que dice?

ALONSO ¿Eh? ¿Y eso? ¿Qué dice usted a eso?

ZABALZUDA (Que se ha reconocido en una de las fotografías huyendo hacia la escalera, envuelto en un salto de cama de ÁNGELES y que comprende que peor es meneallo.) Es cierto, es cierto... Channing tiene razón. Todo puede suceder, dada la terrible fuerza del espíritu. ¡Pero, caray, doscientos cincuenta y seis fantasmas!

Los escandalosos abusos
del ventrílocuo Balder

El cronista, una vez concluida la función, se detuvo a encender un cigarrillo. Lentamente iba vaciándose el patio de butacas. Salían todavía varias docenas de espectadores, después algunas parejas, por fin dos o tres caballeros; más tarde era solo el cronista quien quedaba por salir. Más, en aquel mismo instante, detrás del telón de boca resonó un diálogo. Curioso por temperamento y por oficio, el cronista se detuvo a escuchar; aprovechando un descuido de los acomodadores saltó al piano y de allí al escenario; armose de lápiz y de papel y se dispuso a tomar algunas notas. ¡Uf, sorpresa! Quienes dialogaban eran los muñecos de Balder, el ventrílocuo. Cuanto dijesen a espaldas de su amo podría ser interesante. Y el cronista escuchó lo que sigue:

GAONILLA   *(Se levanta por encima de* CLETO *y avizora el horizonte.)* ¿Ze ha marchao ya eze tío?

CLETO   *(Vuelve la cabeza con cuidado.)* Se ha ido y ni siquiera se ha torcido un pie al salir.

GAONILLA   *(Grita con todas sus fuerzas.)* ¡Zo ladrón, zo explotaó!

DOÑA CUNDI   *(A* CLETO.*)* ¿Qué le sucede a ese caballero tan feo?

CLETO   ¿Qué le va a suceder, señora? Que está que
             trina.

DÑA CUNDI   ¿Es canario?

CLETO   Es jerezano, pero trina. Como debía trinar
             usted y como tiene que trinar el Kirikí y como
             trino yo, que esto no es una compañía; ¡esto
             es un trineo!

DÑA CUNDI   ¡Me deja usted ucraniana! Porque sigo sin
             comprender...

CLETO   Doña Cundi, ¿usted es de Babia, provincia
             de Huesca?

DÑA CUNDI   ¡Ay, no no señor!

CLETO   Pues lo parece.

             (Se *ladea el hongo ligeramente.*)

GAONILLA   (*Grita como antes.*) ¡Negrero!...

DÑA CUNDI   ¿Pero a quien grita ese hombre? ¡Tengo ya
             los nervios como gumias!

CLETO   Le grita a don Eugenio Balder, que está ahí
             dentro.

DÑA CUNDI   ¿Y por qué le aplica esos epítetos tan bochor-
             nosos?

CLETO   ¿Le parece a usted que no tiene motivo? Si ese hombre es un ansioso.

DÑA CUNDI   Don Eugenio es un caballero muy educado.

CLETO   ¡Más tonto que remar en una ensaladera! Eso es lo que es.

DÑA CUNDI   No lo admito. El señor Balder es un genio.

GAONILLA   *(Que ha estado escuchando.)* ¡Un genio! ¡Un genio Balder! ¡Noz ha torrefaztao la ingenua!

KIRIKÍ   *(Hace rodar los ojos como dos neumáticos.)* A mí me tiene más harto...

GAONILLA   ¿Qué dicez, niño?

KIRIKÍ   ¡Que estoy harto!

GAONILLA   ¡Ay, mi mare! ¡Pero tú que vaz a eztar arto, mi vida! Zi aburtas lo que zinco de chufas...

KIRIKÍ   ¡Digo que estoy harto!

GAONILLA   ¿Arto?

KIRIKÍ   ¡Harto, sí!

GAONILLA   Vaya, niño, ¡haz girnazia!

CLETO   Y pensar que hasta el Kirikito está cansado de ese hombre...

GAONILLA   Amigo, a mí ca vez que le veo me da una convurzión. Porque lo que haze eze hombre con nozotros lo haze con unoz antropófagoz y ze lo degluten.

CLETO   ¡Toma! Y además mojan pan.

DÑA CUNDI   No comprendo esa animadversión para el pobre don Eugenio.

GAONILLA   ¿Pobre?

CLETO   Y sobre todo que eso lo gana a costa de nuestro trabajo. Él sale, saluda muy fino, porque como fino es un bramante, y luego se pone detrás de nosotros para que digamos cosas y la gente se ría. Y, ¡claro!, nosotros nos sacrificamos por el público y charloteamos. Esto no puede seguir así.

GAONILLA   Puez ez naturá que no. Yo toaz laz nochez digo un gorpe de grazia: bueno puez er peo día er gorpe de grazia ze lo doy a don Ungenio. Y va a ze con too er puño.

DÑA CUNDI   ¿Y para qué va usted a hacer eso?

GAONILLA   Pa ver si la diña, zeñora.

DÑA CUNDI   Le advierto a usted que yo no hablo el yugoeslavo.

GAONILLA   Puez apréndalo, porque ez lo que ahora priva.

KIRIKÍ   A mí todas las noches me hace decir cosas de mi familia. ¡Me tiene más harto…!

CLETO   Lo que tenemos que hacer para librarnos de ese monstruo con fraque es sindicalizarnos todos.

DÑA CUNDI   ¿Cómo ha dicho usted? No le entendido.

CLETO   Sindicalizarnos. Depender de una sociedad, de una liga.

GAONILLA   (*Ligeramente amoscado.*) Oiga, amigo: ¿uzté cree que a mí me pega la liga?

CLETO   La liga le pega a todo el mundo, hombre. ¡Cuidado que es usted cateto!

GAONILLA   Me va oliendo la atmózfera a bofetás.

CLETO   Con más narices, no digo que no.

GAONILLA   (*Se levanta.*) ¡Mi madre! ¿Ze apuezta usté a que de laz zuyaz no dejo máz que er zolá?

CLETO   Y algo de escombros.

GAONILLA   (*Muy chulo.*) ¿Ez que quiere usté que le haga un churro?

DÑA CUNDI   ¡Caballeros! Repórtense. Tengan más calma.

GAONILLA   (*Se sienta.*) Pero zi ez que ezte hombre me buzca laz cozquillas hazta er parietal derecho.

CLETO   Usted, que se sulfata enseguida. Yo proponía sindicalizarnos contra Balder.

DÑA CUNDI   ¿E íbamos a hacer nosotros los sindicados?

CLETO   Los indicados para revolucionar las «varietés», sí, señora. Pues así uno no tiene ventajas. Por lo pronto, las beatas para este cura...

DÑA CUNDI   ¿Qué quiere usted decir?

GAONILLA   Que noz ha zalio biberonzito y que quiere chuparze er dinerito.

CLETO   Y es lo natural. Usted no es un hombre consciente. Doña Cundi es una dama desvalida. Kirikí chavalea todavía. Y el talentudo que queda soy yo. Y además he lanzado la idea de la sindicalización. Yo cobraré de la empresa y les apoquino a ustedes. No hay que olvidar que he trabajado antes con Alfonso XIII, que soy proveedor de la Real casa...

GAONILLA   Y a ve zi cuando noz zindicalizamoz dejan de llamarnoz muñecoz. Porque yo estoy máz canzao de ezo que de oír el «güayagüais».

CLETO   Si nos lo siguen llamando, yo pediré para mí solo dos muñecas.

DÑA CUNDI   ¿Es usted de esos que quieren varias mujeres?

GAONILLA   ¿Polígono?

CLETO   No señora. Es que todos los hombres tienen dos muñecas y a nadie le extraña. Como a nadie le asombra que los boticarios y los cajones viejos sirvan pastillas.

KIRIKÍ   ¡Ese chiste es brutal!

GAONILLA   ¡Anda! ¡Er Infante por dónde surge! Bueno, Cleto, ¿y que hay que hazé pa ezo del zindicalize?

CLETO   Ajuntarnos.

GAONILLA   ¿Y qué le pareze a uztéd si matázemos a don Ungenio?

CLETO   Mejor es pedir la jornada de tres horas, trabajando los domingos.

GAONILLA   Yo no trabajo loz domingoz ni atao.

CLETO   Si digo trabajar los domingos y descansar el resto de la semana.

GAONILLA   Lo mejór ez matarle.

CLETO   Yo no puedo hacerlo, porque soy del reemplazo de este año; ya he entrado en quintas.

GAONILLA   ¿Y qué tiene que ver ezo, mi arma?

CLETO   Ya sabe usted que el quinto, no matar.

DÑA CUNDI ¡Qué cosas tiene este Cleto!

GAONILLA   No ha estazo uzté pezao, amigo.

KIRIKÍ   A mí me ha hecho una gracia...

CLETO   Que tengo unos golpes como para clavar una escarpia...

           (*Los cuatro muñecos ríen durante un buen rato. De pronto entra Eugenio Balder y los cubre con unas telas. El cronista le saluda y se marcha, sin atreverse a confesarle la rebelión que germina en los pechos de sus actores.*)

Domingo de carnaval

Personajes

UNA SEÑORA MUY ESDRÚJULA	Veinticinco años; muy bonita; muy nerviosa.
UN CABALLERO MUY RESERVADO	Cuarenta años; barba pobladísima; gestos fieros y rápidos.
SILVINO MELGAREJO MELGAREJO	Treinta años. Un buen chico. Está de acuerdo con la célebre máxima: «Preveníos de aquel que no se juerguea de vez en cuando porque es señal de que sufre una memez cerebral casi siempre incurable».
UN «PIERROT» CURDA	Veintitrés años. Insignificante.

En su casa, Silvino Melgarejo, *que está citado con una mujer a las cinco y media de aquel domingo de carnaval, se ocupa en dar los últimos toques a su tocado.* Silvino, *como todo pariente de Adán en estos casos, se halla muy nervioso, sumamente nervioso.*

Silvino Melgarejo   (*Mientras se pone la corbata, canturrea.*) Yo no sé pedir champán... Yo no sé... Yo no sé hacerme el nudo esta tarde. ¡Caramba, que tengo las manos de un nerviosismo que pasma! (*Suena un timbre.*) ¿Llaman? ¿Quién podrá ser?

(*Sale al pasillo.*)

Una Señora muy esdrújula   (*Entra como una tromba seguida de* Silvino.) ¡Discúlpeme, perdóneme!

Silvino   Señora...

Señora   Le extrañará esta irrupción insólita. ¡Lógico, muy lógico! Pero mi cabeza es una vorágine. Mire que manos: estoy gélida.

Silvino   En efecto: tiene las manos como dos sorbetes.

SEÑORA   Le daré una explicación rápida. Seré súbita. No me tome por una mujer ligera. Soy casada; salí sola y un hombre cínico empezó a perseguirme ávido. El caso era tétrico, porque si lo veía mi marido, que es súpito, enérgico y rígido, habría habido algo trágico, muy horrible o, por lo menos, una catástrofe anímica. Yo siento por mi marido un amor mágico, casi ilógico, algo místico... ¡Catastrófico; se avecinaba un final catastrófico! Seguía persiguiéndome el sátiro y yo, tímida, llamé a su casa como salvación única... Caballero..., no se muestre déspota ni tiránico... Déjeme reposar: es una súplica...

SILVINO   (*Algo mareado por los esdrújulos!*) ¡Resílfide! (Esta me estropea la tarde.) Pero, señora, considere usted...

SEÑORA   ¡Déjeme! ¡Cállese! Sea usted óptimo...

SILVINO   Es que figúrese que llegara su marido y la viera aquí... Él, que es tan súpito, enérgico y rígido...

SEÑORA   Sabría comprender; no es un vesánico.

SILVINO   (*Contagiado.*) Pero si trae un bastón férreo... El primer intento...

SEÑORA   No tenga pánico. No hay tan bastón férreo; usa uno de sándalo. Él es pacífico cuando no hay motivo bélico. Me quiere; con unas palabras le dejaría extático y como hipnótico...

SILVINO   Por lo que veo es un hombre estrambótico.

SEÑORA   Y algo reumático. Debo de estar muy pálida...
            Pero aquí me siento tan cómoda, en una paz
            tan íntima...

SILVINO   Lo dicho: esta señora falla mis cálculos.

(Suena el timbre.)

SEÑORA   ¡Santa Bárbara! El timbre suena rápido. Será
            ese hombre sórdido. ¡Oh! Soy una mujer mísera. Siento un dolor pésimo, me desmayo fulmínea...

(Y se desmaya.)

SILVINO   *(La coge en brazos.)* ¡Señora, señora! *(Repiquetea el timbre.)* ¡Caray! No tiene conocimiento, no ha debido de tenerlo nunca. ¡Va!
            ¡Ya va! La llevaré al gabinete.

            *(Deja a la dama en un sillón del gabinete y abre
            la puerta.)*

UN CABALLERO MUY RESERVADO *(Entra seguido de* SILVINO.*)*
            Buenas.

SILVINO   Muy buenas.

(*Una pausa poblada de misterios.*) ¿Qué desea usted?

CABALLERO Avise a esa señora que ha entrado aquí.

SILVINO Señor mío, aquí no ha entrado ninguna señora.

CABALLERO Avísela.

SILVINO Le aseguro...

CABALLERO Avísela.

SILVINO Puedo jurarle...

CABALLERO (*Se sienta.*) Esperaré.

SILVINO (Bueno; yo echo a este aunque sea a guantazos.) Usted comprenderá que necesito que me explique su actitud. No trae usted mandamiento judicial y ha entrado en esta casa de una manera... Yo soy un hombre decente, tengo acciones del Banco de España y...

CABALLERO Vengo siguiendo a esa señora porque necesito hablarle. Que salga. Avísela.

SILVINO (¡Señores, qué tío más cínico!) Caballero, yo no sé cómo contestarle...

CABALLERO Pues cállese.

SILVINO   (*Se pasea desesperado.*) ¿Qué hago yo? ¿Qué
               hago yo? ¡Las seis y cuarto! ¡Paquita esperán-
               dome! ¡Ah, ya! Me largo y los dejo.

               (*Va hacia la puerta.*)

CABALLERO   ¿Dónde va usted?

SILVINO   ¿Tengo que darle cuenta de mis acciones?

CABALLERO   De las del banco, no; de esta, sí.

SILVINO   Sepa usted, entonces, que voy a afeitarme.

CABALLERO   Yo no permito que usted se vaya. Usted se quie-
               re escapar. Usted no se escapa; usted no com-
               promete a esa señora desconocida. ¡A usted
               le pego yo un tiro si se va!

SILVINO   Caballero... ¡Es usted tan amable! No puedo
               por menos de atender a sus ruegos. Me que-
               do, sí señor.

               (*Y* SILVINO *se deja caer como un fardo en uno de
               los sillones.*)

               ───────────────────────

               Dos horas después

SILVINO   (*Que se ha dormido, despertándose.*) ¿Eh? ¡Mi
               madre! ¡Las ocho y media! Caballero..., ¿qué
               hace usted aquí todavía?

CABALLERO   Espero a la señora que entró antes. Avísela.

SILVINO   (*Muy furioso.*) ¡La avisaré, sí, señor! ¡La avisaré! ¡Estoy harto de usted y harto de esa señora! ¡¡Y harto del mundo!! Son las ocho y media, ¿sabe usted? ¡Las ocho y media! ¡¡Las ocho y media de la noche!! Paquita se habrá ido... ¡Esto me costará regañar con Paquita!, ¿entiende usted? ¡¡Con Paquita!! Y si yo regaño con Paquita, compro una ametralladora y me suicido; pero ¡a usted me lo llevo por delante! ¿Qué dice usted?

CABALLERO   Que le ha salido muy redonda la frase.

SILVINO   (*Estalla.*) ¡¡Se acabó!! (*Va al gabinete y trae medio a rastras a la dama, que ya ha vuelto en sí.*) Señora, ahí tiene a ese caballero. Yo me enjabono las manos.

SEÑORA   ¿Eh? ¡Oh! ¡Socorro! Ese hombre es el sátiro que me perseguía ávido. ¡Líbreme, auxíliame, apártelo!

CABALLERO   (*Avanzando.*) Señora...

SEÑORA   (*Aterrada.*) ¡No! Mi marido es súpito, enérgico y rígido. ¡Ese hombre es un cínico y usted es un títere!

SILVINO   ¡Y usted, señora, es una estólida!

CABALLERO   Señora, yo...

SEÑORA   ¡No se acerque, hombre tétrico! ¡Me pone usted frenética al verlo tan próximo!

SILVINO   (*Que no puede aguantar más.*) Señora..., por favor, ¡váyase usted! ¡Estoy hasta la coronilla!

SEÑORA   Volverá a perseguirme ese hombre estúpido. Líbreme de ese demente o de ese alcohólico. ¡Que me va a dar un epiléptico! ¡Ya me siento apoplética!

CABALLERO (*Se acerca a ella.*) Es que....

SEÑORA   ¡Oh, no! ¡Antes la muerte rápida!

           (*Va hacia el balcón lo abre y se dispone a tirarse.*)

SILVINO   ¡Señora, yo le ruego que se tire por el balcón de su casa!

SEÑORA   ¡No! ¡Me tiro por aquí! No puedo permitir la persecución y lógica de ese hombre selvático.

SILVINO   ¡Señora, que es un tercero! ¡Que se hace usted pasta para sopa!

CABALLERO (*Sujeta a la dama.*) Perdone usted. No quería hablarle delante de este señor, porque soy muy reservado. Yo no la persigo con los fines que supone. Es que se le cayó en la calle este bolsillo de plata y quería devolvérselo.

SEÑORA   (*Sonrie.*) ¡Hola! ¡Que caballero tan simpático! Discúlpeme... Soy tan neurótica...

SILVINO   (*Dándose de bofetadas.*) ¿Y por esto he perdido yo el pasar el domingo de carnaval con Paquita? ¡Silvino, tienes un sino!

           (*Y* SILVINO *da una carrerita, luego un salto y se
           tira a la calle de cabeza.*)

CABALLERO ¡Oh!

SEÑORA   ¡Ay!

UN «PIERROT» CURDA   (*Que va en una carroza, en donde ha
           caído* SILVINO.*)* ¡Hola, compañero! Vienes de
           la luna, verdad. ¿Verdad? (*Le da una botella.*)
           Pues toma... Sacúdete un trago de manzani-
           lla. ¡¡Muera Abd-el-Krim!!

           (*La carroza dobla la esquina y desaparece.*)

Los novios cursis

Personajes

ISMAEL ANSALDO Veintiséis años; empleado en un ministerio; más vulgar que una charanga; ojos saltones; bigotillo pequeño; usa corbata de lazo, de esos lazos que, montados en una chapita de celuloide, no se deshacen jamás.

ANTOÑITA SUÁREZ Veinticinco años; «sus labores»; suscriptora de *La Moda y la Casa*; más cursi que un cromo; lleva muchas pulseras de cinco o seis pesetas cada una y está a régimen de ensaladas para no perder la línea —suponiendo que la haya tenido alguna vez—.

LUCILA FLORES Mamá de Antoñita. Es una señora cincuentona, muy amiga de hablar de política, con lo cual queda asentado que, en punto a cerebro, es una calandria enjaulada.

La acción, en casa de ANTOÑITA, *adonde va* IS-MAEL *todas las tardes, a las seis y media en punto, para hablar con su novia. En casa de* ANTO-ÑITA *debía haber un cartel que dijese: «Horas de amor, de seis y media a ocho y media.»*

ISMAEL   (*Entra y se quita el abrigo.*) ¿Está Antoñita?

LUCILA   Sí; por ahí dentro anda rizándose las patillas con un lapicero.

ISMAEL   ¡Antoñita!... ¡Antoñita!...

ANTOÑITA   (*Dentro.*) Voy...

ISMAEL   ¿Ha visto usted con qué gracia ha dicho «voy»?

LUCILA   Sí. Siéntate, Isma. ¿Qué hay de cosas?

ISMAEL   ¡Psch! Nada.

LUCILA   Aquí estoy haciéndole un abrigo a Joaquinito. En todo el día no he tenido tiempo de arreglarme.

(LUCILA *ningún día tiene ese tiempo que necesita.*)

ISMAEL (*Que pertenece a esa clase de individuos que si no hablan se aburren.*) ¡Antoñita!...

ANTOÑITA Cuidado que eres pelmilla. Ya estoy aquí.

ISMAEL ¡Hola!

(*Coge a* ANTOÑITA *de la mano, la sienta a su vera y comienza a hablarle cuchicheando.*)

LUCILA (*Aparte.*) Este chico, siempre tiene que decir algún secreto.

(*He aquí el secreto de* ISMAEL.)

ISMAEL (*En voz baja.*) ¿Podrás ir esta noche al teatro?

ANTOÑITA (*Como un suspiro.*) Sí... Si quiere mamá...

ISMAEL ¿Es que tu madre no va a querer?

ANTOÑITA No lo sé fijamente... Voy a preguntárselo.

ISMAEL Ya se lo preguntarás. Ahora estás hablando conmigo.

ANTOÑITA ¡Ah!

ISMAEL (*Con un hilo de voz.*) Me han dicho que lo que va a estrenar Muñoz Seca en el Reina Luisa está muy bien.

ANTOÑITA ¿Sí?...

ISMAEL   Sí. *(Junto al oído de* ANTOÑITA.*)* ¿Te acuerdas
              de qué cosa tan graciosa dijo «Ramper» ano-
              che en Maravillas?

ANTOÑITA   *(Riendo.)* ¡Ya, ya!...

ISMAEL   Te voy a contar el argumento de la última no-
              vela de Menéndez.

ANTOÑITA   Bueno.

              (ANTOÑITA *tiene mucha resignación.)*

ISMAEL   Pues es un abogado...

              (*Tres cuartos de hora, durante los cuales* ISMAEL
              susurra el argumento.)

LUCILA   *(Sin dejar de darle a la aguja.)* ¿Has leído la
              elección de Mac Donald en Inglaterra, Ismael?

              (ISMAEL *se hace el loco y no responde.)*

ANTOÑITA   No sé qué te pregunta mamá.

ISMAEL   ¡Déjame en paz!

LUCILA   ¿Qué me dices de Mac Donald?

ISMAEL   *(Reuniendo los datos que en la oficina le han
              dado del jefe del Gobierno inglés.)* Dicen que es
              un hombre muy inteligente y que ha viajado

mucho. A Poincaré le ha sentado muy mal esa subida al poder.

LUCILA   ¿Ah, sí?

ISMAEL   Ya lo creo. Porque Poincaré...

(Media hora se pasa en la conversación política que se ha iniciado. ISMAEL argumenta con la seguridad que le daría ser hermano menor de Poincaré y Mac Donald a un tiempo. Después se pasa a comentar la muerte de Lenin; por fin, se habla de la baja del franco y del directorio. Más tarde, ISMAEL vuelve a cuchichear con su novia en un rincón.)

ANTOÑITA   Pues me levanté, puse la mesa, me arreglé, salí a comprar corchetes y cuando has llegado me estaba rizando las patillas.

ISMAEL   ¿Has salido sola?

ANTOÑITA   Sí.

ISMAEL   *(Se pone trágico.)* Te he dicho que no me gusta que salgas sola.

ANTOÑITA   ¿Y qué voy a hacer, si mamá no podía acompañarme?

ISMAEL   ¡No haber salido!

(Esto lo emite como un rugido espantoso.)

ANTOÑITA   ¡Pero, hombre!...

ISMAEL   ¡Nada! ¿A que te ha seguido algún estúpido?

ANTOÑITA   ¿A mí? Si voy por la calle que parezco un guardia civil...

ISMAEL   Antoñita... Me estás destrozando la vida... ¡Oh!... *(Se sujeta el cráneo con las manos y apoya los codos en las rodillas)*. ¡Decir que vas seria por la calle, cuando eres más sonriente que un kirikí!

ANTOÑITA   ¡Pero, Ismael!...

ISMAEL   ¡Quita, imbécil!

ANTOÑITA   ¡El imbécil eres tú! ¿De modo que tú puedes ir donde te dé la gana y yo tengo que estar siempre encerrada en casa?... ¡No, hijo! Se acabaron aquellos tiempos de la Inquisición.

                (ANTOÑITA tiene una levísima idea de lo que fue la Inquisición gracias a una película que ha visto recientemente titulada «Las mazmorras de Satán».)

ISMAEL   *(Se levanta y mira al techo con semblante grave, para hacer comprender que le inunda el dolor.)* Está bien. Me marcho.

ANTOÑITA   Vete, y no vuelvas.

ISMAEL   Romperé las entradas del teatro para esta noche... Todo ha acabado entre los dos. ¡Qué
solo estoy! ¡Ninguna mano amiga se tiende
hacia mí!...

ANTOÑITA   (*Acordándose del teatro y decidida a no faltar a
él.*) No te pongas así, Ismael. Comprendo que
soy muy brusca para contigo...

ISMAEL   No pretendas dulcificar las hieles que me has
dado... Adiós...

    (*Se va con gesto olímpico y se mete a tomar gam-
bas y cerveza en la primera cervecería que halla al paso.*)

ANTOÑITA   Esta noche vamos al teatro, mamá,

LUCILA   ¿Pero no se ha ido incomodado tu novio?

ANTOÑITA   Sí; pero luego vendrá a buscarnos. ¿No ves que
le he llamado imbécil? Voy a mandar a la chi-
ca, a ver si ya están arreglados mis zapatos...

El escéptico

Personajes

EVANGELINA SALCEDO   Treinta años, muy hermosa, muy inteligente, rica, experimentadísima, elegantísima.

ALFREDO CRUZ   Cuarenta años, distinguido escritor.

EVANGELINA *inicia con* ALFREDO *una conversación peligrosa; esto es, que pretende inclinarlo a la unión matrimonial con su personita.* AL-FREDO *tiene unas baterías y unas trincheras terribles, y no se rinde fácilmente, porque es un escéptico. La acción, en un saloncito en casa de* EVANGELINA, *un día en que hay gran fiesta.*

EVANGELINA (*Entra en el saloncito donde* ALFREDO *está solo mirando al techo y silbando una cancioncilla.*) ¡Pobre amigo! Le han dejado a usted solo... ¿Se aburría usted?

ALFREDO No lo crea. Estaba divertidísimo.

EVANGELINA Siempre dice igual. ¿Usted no se ha aburrido nunca?

ALFREDO Sí. Muchísimas veces: en cuanto hablo con algún artista.

(*Una pausa.*)

EVANGELINA Ahí dentro hay un gran baile. ¿Por qué no baila usted?

ALFREDO Porque es absurdo bailar sin que un húngaro toque el pandero.

EVANGELINA   Hoy está usted imposible. Si no para bailar, podía salir fuera a charlar con las señoras.

ALFREDO   Mi conversación no les interesa. ¿No ve usted que yo no sé nada de moda?

EVANGELINA   Esa respuesta es muy poco galante.

ALFREDO   ¿Qué quiere usted? En este momento no se me ha ocurrido otra peor.

EVANGELINA   ¡Ea, no presuma usted de despreciar a las mujeres! Sé que le gustan mucho.

ALFREDO   Para un rato, sí.

EVANGELINA   ¿A cuáles prefiere? ¿A las morenas, o a las rubias?

ALFREDO   Eso depende de la clase de tinte que usen.

EVANGELINA   ¡Por Dios, Alfredo! ¿Acaso va usted a negarme que en los ojos de las mujeres hay poesía?

ALFREDO   La habría, sin duda alguna, si no existiesen los orzuelos.

EVANGELINA   ¡Empieza usted a cansarme!

ALFREDO   ¿Por qué?

EVANGELINA   Porque no dice más que tonterías.

ALFREDO   ¡Cómo! ¿Se cansa usted de oír tonterías? Yo
            creí que, a fuerza de recibir a sus amistades,
            ya estaba usted entrenada.

EVANGELINA ¿A qué viene el hablar siempre en ese tono?
            Parece que está usted harto de vivir. ¿Usted
            no ama la vida?

ALFREDO   ¡Ya lo creo! La amo igual que a mi nariz,
            porque el perderla me ocasionaría varias
            molestias.

EVANGELINA Como broma, puede pasar. Pero no es justo
            que hable así un escritor tan admirable.

ALFREDO   ¡Ah! ¿Me encuentra usted admirable?

EVANGELINA Sí. Sus libros siempre me hacen llorar.

ALFREDO   ¿Admirable porque hago llorar? Eso nos lle-
            varía a admirar las cebollas.

EVANGELINA No vuelva a decirme esas cosas. ¿Para qué
            ocultar su bondad?

ALFREDO   No crea usted en la bondad. En el mundo no
            hay seres buenos. Solo hay gente que no ha
            tenido ocasión de ser mala.

EVANGELINA Aunque así sea, hable de otra forma. Me pro-
            duce mucha pena oírle y verle tan aislado y
            tan metido en sí mismo.

ALFREDO   Es que no tengo otro sitio mejor en que me-
terme.

EVANGELINA   *(Se acerca insinuante.)* ¿Usted no se ha enamorado nunca?

ALFREDO   Nunca. Siempre he gozado de una salud es-
tupenda.

EVANGELINA   No ha encontrado una mujer lo bastante inteligente, ¿verdad?

ALFREDO   ¡Psch!... No sé...; jamás he buscado impo-
sibles...

EVANGELINA   *(Tomándolo a broma, para no marcharse.)* ¡Es
usted delicioso! ¿Y yo? ¿Le parezco bien o
mal?

ALFREDO   Ya le he dicho lo que usted me parece.

EVANGELINA   ¿Cuándo?

ALFREDO   Nada más entrar. Si usted me fuese tan inso-
portable como las cotorras que hay ahí den-
tro, ya me habría marchado adonde pudiese
estar solo.

EVANGELINA   Muchas gracias. Y yo correspondo a su opi-
nión diciéndole que me parece usted un hom-
bre excepcional. El único hombre con quien
yo sería capaz de casarme.

ALFREDO   Casarse... Casarse... ¿Pero ocurren todavía esas catástrofes?

EVANGELINA   Todavía, amigo mío.

ALFREDO   El Estado español no se preocupa por la felicidad de los ciudadanos.

EVANGELINA   *(Se ríe.)* Así es. *(Una pausa)*. Si yo me casara con usted, no le engañaría nunca.

ALFREDO   Siempre he creído que era usted una mujer extraordinaria.

EVANGELINA   Estaría pendiente de usted y sabría callarme a tiempo.

ALFREDO   ¿Sería usted capaz de callar? ¡Qué criatura tan excepcional!

EVANGELINA   No dirá usted que no soy franca. Luego, tendríamos dos o tres niños. ¿A usted le gustan los niños?

ALFREDO   Mucho, porque nunca me piden dinero.

EVANGELINA   Y nuestros hijos serían felices...

ALFREDO   ¡Qué pena! Entonces es que nos saldrían tontos.

EVANGELINA   Pero no nos importaría que lo fuesen, ¿verdad?

ALFREDO   No. No nos importaría.

EVANGELINA Usted y yo permaneceríamos muchos ratos
            mirándonos, sin decirnos nada...

ALFREDO   ¡Maravilloso!

EVANGELINA Y después nos confesaríamos que estábamos
            de acuerdo.

ALFREDO   ¡Magnífico!

EVANGELINA Yo no le interrumpiría en su trabajo para de-
            cirle que acababa de tener un disgusto con
            la cocinera.

ALFREDO   ¡Sublime!

EVANGELINA Y cuando usted volviese a casa con las sola-
            pas del traje impregnadas de perfume, no le
            preguntaría nada.

ALFREDO   ¡Divino!

EVANGELINA Jamás le llevaría la contraria...

ALFREDO   ¡Oh!

EVANGELINA Y nunca me presentaría en su despacho cuan-
            do sus amigos estuviesen con usted...

ALFREDO   ¡Ah!

(*Se lleva la mano a la cabeza.*)

EVANGELINA ¿Qué le sucede, amigo mío?

ALFREDO Me noto enfermo.

EVANGELINA ¿Enfermo?

ALFREDO Sí... Siento algo así como grandes desórdenes cerebrales; comienzo a creer en el amor...

EVANGELINA (*Resplandeciente de júbilo por su triunfo.*) ¡Alfredo!...

(*En el momento en que se van a besar, cae el telón.*)

Una colaboración perfecta

A las seis en punto de la tarde DAIMIEL y SOREL *se reúnen para comenzar a escribir en colaboración el drama que han planeado.*

DAIMIEL   Es preciso describir extensamente la escena.

SOREL   No; para describir la escena bastan tres palabras.

DAIMIEL   Recuerda que Bernard Shaw la describe con extensión.

SOREL   No olvides que Benavente la describe en dos líneas.

DAIMIEL   Yo creo que...

SOREL   Pues yo opino todo lo contrario.

DAIMIEL   Perfectamente; estamos de acuerdo. (*Diez minutos después.*) En la primera escena, el conde sale por la derecha.

SOREL   No; el conde debe salir por la izquierda.

DAIMIEL   Pues yo pienso que...

SOREL   A mí me parece una tontería lo que dices.

DAIMIEL	Cuando se piensa igual, el trabajo es muy agradable. (*Media hora después.*) Ahora la marquesa debe echarse a llorar y decir «¡Oh, no!».
SOREL	Estás en un error. La marquesa debe reírse a carcajadas y exclamar «¡Oh, sí!».
DAIMIEL	¡Te digo que!...
SOREL	¡Y yo afirmo otra cosa!
DAIMIEL	Muy bien; la identificación en la colaboración me subyuga. (*Una hora después.*) El barón Enrico estará escuchando tras las cortinas.
SOREL	El barón es incapaz de escuchar de esa forma.
DAIMIEL	¡Debe escuchar así!
SOREL	¡No debe escuchar así!
DAIMIEL	Nunca he estado con nadie tan de acuerdo. (*Dos horas después.*) Ahora Elena se va diciendo «¡Te amo, conde!».
SOREL	De ninguna manera. Debe gritar «¡Conde, te odio!».
DAIMIEL	Elena ama al conde.
SOREL	Elena no ama al conde.

DAIMIEL	¡Qué unión artística tan pasmosa es la nuestra!... (*Tres cuartos de hora después.*) El barón lee la carta de la marquesa, ¿verdad?
SOREL	El barón no sabe leer.
DAIMIEL	Es que vuelve a leer en el segundo acto.
SOREL	¿Que vuelve a leer?
DAIMIEL	Sí, señor. Vuelve a leer: te lo digo yo.
SOREL	¡No leerá nunca!
DAIMIEL	¡Conformes siempre! ¡Qué gusto! (*Cinco minutos después.*) Ludovico levanta una silla y se la tira al conde.
SOREL	Ludovico no tira la silla.
DAIMIEL	¡Sí, Sorel!
SOREL	¡No, Daimiel!
DAIMIEL	(*Coge su silla y se la tira a la cabeza a* SOREL.) ¿No es cierto que sí?
SOREL	Es cierto.
DAIMIEL	Nuestra colaboración es perfectísima.

Diálogo para la educación de Mauricio

Conviene, señores, educar a la juventud.
Es este un problema social importantísimo.
Hay infinidad de libros destinados a tal objeto;
mas esos libros han quedado anticuadísimos.
Nosotros, siempre atentos al latir de la actualidad,
iniciamos el trabajo con el presente diálogo,
para la educación de Mauricio. De nada, de nada...
¡No faltaba más!

Personajes

EL JOVEN INGENUO...	Sr. Pérez.
EL VIEJO EXPERIMENTADO...	Sr. López.

Lugar de la acción	Plazoleta de parque público, en donde hay instalado un quiosco para la venta de cerveza y bocadillos.

EL VIEJO EXPERIMENTADO   En vista, Mauricio querido, de que la tarde invita a pasear y de que el silencio de este parque invita a la charla, yo voy a invitarte a tomar cerveza en aquellos sillones de mimbre que invitan a sentarse.

EL JOVEN INGENUO   Muy bien, don Honorio. Y yo le invito a usted a cigarrillos.

EL VIEJO   Gracias. No fumo, Mauricio querido.

EL JOVEN   ¿Que no fuma usted?

EL VIEJO   No fumo desde los cincuenta. (*Se sientan.*) Tampoco tú debías fumar. El tabaco empobrece el organismo y produce el cáncer de garganta,

EL JOVEN   Es muy cierto. Me estoy suicidando.

(*Fuma con ansia. Una pausa.*)

EL VIEJO   Ahora que estamos sentados, ¿de qué hablaremos, Mauricio querido?

EL JOVEN   Podemos hablar de la Pastora Imperio.

EL VIEJO   No. Será mejor, Mauricio querido, que, puesto que tú empiezas a vivir ahora y yo, desgraciadamente, estoy acabando mi existencia, te ponga al corriente de lo que es el mundo y te brinde sanos y eficaces consejos que te preparen bien para la lucha por la vida.

EL JOVEN   (*Bosteza.*) Como usted quiera, don Honorio.

EL VIEJO   Estar preparado para la lucha por la vida es muy esencial, Mauricio querido. Tú eres joven, y no sabes nada de esto, ni tienes idea de los conflictos que la existencia va a plantearte. Yo tengo setenta años y tú veinticinco. ¿Estás convencido de que soy más viejo que tú?

EL JOVEN   (*Duda.*) ¿Dice que usted tiene setenta años?

EL VIEJO   Exacto.

EL JOVEN   ¿Y que yo tengo veinticinco?

EL VIEJO   Exacto.

EL JOVEN   (*Después de hacer números en un papel.*) Pues es verdad: yo soy más joven que usted.

EL VIEJO   Celebro verte tan dócil. Y ahora comprenderás por qué yo tengo el caudal de experiencia que a ti te falta.

EL JOVEN   ¿Por qué?

EL VIEJO   Porque yo soy más viejo.

EL JOVEN   ¡Anda! Pues es verdad...

El Viejo	Veamos, Mauricio querido. ¿Sabes lo que es la radio, el gramófono, el telégrafo, el cinematógrafo...?
El Joven	Sí, señor: todo eso lo sé. Y también sé lo que es el cuerpo de bomberos, y la parábola de Lessing y el «Metro» y los tranvías de mulas.
El Viejo	Entonces prescindiré de las lecciones de...
El Joven	Bueno.
El Viejo	Ante todo, Mauricio querido, te advertiré que para vencer en la lucha por la vida hace falta estudiar; solo el sabio se eleva sobre el nivel de los demás humanos; solo el sabio adquiere la fortuna. ¿Quieres un ejemplo? Edison.
El Joven	Cerca de mi casa vive un hombre riquísimo, que ha hecho su fortuna a fuerza de trabajar. Es cierto...
El Viejo	¿Lo ves? ¿Lo ves? ¿Y quién es ese genio? ¿Qué ha inventado, qué ha descubierto?
El Joven	Es fabricante de patatas fritas.
El Viejo	*(Silba «La del Soto del Parral» para disimular su turbación.)* Pasemos a otra cosa, Mauricio querido.
El Joven	Bueno, don Honorio.

EL VIEJO   Cuida de ser bueno siempre. Solo el hombre bueno halla en la tierra la verdadera felicidad. El malo se hunde, y vive tristemente entre desprecios y venganzas.

EL JOVEN   Como don Felipe.

EL VIEJO   ¿Quién es don Felipe?

EL JOVEN   El dueño de la casa donde vivimos nosotros: un usurero que ha arruinado a miles de personas.

EL VIEJO   ¡Ah. canalla! Y que la vida se le hace imposible, ¿eh?

EL JOVEN   Todos te aborrecen.

EL VIEJO   ¡Naturalmente! Y él sufrirá...

EL JOVEN   No. Él está tan gordo y tan satisfecho. ¿No ve usted que la gente lo aborrece a sus espaldas; pero cuando él está delante le dan una coba atroz?

EL VIEJO   Veamos ahora otro aspecto de la vida, Mauricio querido.

EL JOVEN   Muy bien.

EL VIEJO   Ama a las mujeres, pues ellas son el perfume del mundo, y en sus corazones de oro es donde únicamente puede hallarse la confianza, la abnegación, el descanso.

EL JOVEN   Sí, señor. Yo me enamoro de todas las que veo.

EL VIEJO   Así, así, hijo mío.

EL JOVEN   Pero, claro, cuando se enteran de que no tengo un céntimo, no me hacen caso.

EL VIEJO   Hay algunas de esas, sí; sobre todo, las mariposas de cabaret.

EL JOVEN   Mi tío Joaquín se complicó con una mariposa de cabaret.

EL VIEJO   Y acabaría pegándose un tiro.

EL JOVEN   No. Han puesto una academia de bailes juntos, y ganan un horror.

EL VIEJO   ¿Ves? Una excepción. Y, entre tanto, tu tío abandonaría a su esposa, aquella noble y pura muchacha que conoció un día al salir de los toros...

EL JOVEN   No; fue ella la que se fugó con un revendedor de billetes.

EL VIEJO   Otra cosa hay, Mauricio querido, que hay que amar en el mundo: la Patria.

EL JOVEN   Es verdad. Mi abuelo era un gran patriota.

EL VIEJO   ¿A cuál te refieres? ¿Al que murió en Cuba a los treinta años?

EL JOVEN   No. Al que falleció en la guerra carlista, a los diez y ocho. Todos los periódicos de la época citaron su nombre.

EL VIEJO   ¡Es la gloria! ¡La que eleva a los hombres a la categoría de dioses! La que los hace populares. La que lleva sus nombres de un continente a otro, agrandados por los trompetazos de la fama...

EL JOVEN   Por cierto que, ¿recuerda usted que mi abuelo se llamaba Martínez Ficher?

EL VIEJO   Sí.

EL JOVEN   Pues los periódicos que dieron cuenta de su heroica, muerte, le pusieron «Marín Piquete». Fue una errata de imprenta, ¿sabe usted?...

(EL JOVEN y EL VIEJO *continúan hablando dos horas más; pero ya tenemos bastante con lo copiado.*)

Un árbol genealógico

El parque del Oeste. Las once y media de la mañana, de una mañana de abril. Algunos madrileños discurren por los enarenados andenes. UN CABALLERO VIEJO, que se halla sentado en un banco, tiene alrededor de setenta años y está llorando a lágrima viva, UN CABALLERO JOVEN, que no ha salido de los cuarenta, pasa a su lado, y al escuchar los sollozos del anciano, se le acerca solícito.

UN CABALLERO JOVEN   Caballero..., ¿tiene usted la bondad de decirme por qué llora?

UN CABALLERO VIEJO   ¡Ji, ji, ji, ji!

C. JOVEN   Pero, caballero, ¿qué le ocurre?

C. VIEJO   ¡Ji, ji, ji, ji!

C. JOVEN   ¿Se encuentra mal? ¿Le duele algo?

C. VIEJO   ¡Ji, ji, ji, ji!

C. JOVEN   *(Francamente interesado ya, se sienta junto al viejo)* Ea, cuénteme. Desahóguese conmigo; soy un hombre discreto que solo quiere mitigar el dolor de usted... Dígame, por favor... Acaso yo pueda remediar... Tal vez consiga...

C. VIEJO   ¡Ji, ji, ji, ji! (*Dos horas después.*) Le explicaré la causa de mí llanto. Nadie me ha convencido nunca tan pronto como usted.

C. JOVEN   (*Que estaba intrigadísimo*) ¡Gracias a Dios!

C. VIEJO   Pues verá. Yo, señor, me llamo Eleuterio y soy vascongado.

C. JOVEN   Perfectamente.

C. VIEJO   Por línea paterna desciendo de los Aticuchimbarreneitias de Echalar, y por la materna, de los Olaitosincarrincachetas de Urruña.

C. JOVEN   Muy bien.

C. VIEJO   Yo vivía feliz en mi casona del caserío, de Arrakatenkosilodari, que está muy próximo al de Opinisonteneitio y a dos leguas del de Esbrizaminguikoicio. ¿Usted me entiende?

C. JOVEN   Está clarísimo.

C. VIEJO   Apenas me trataba con el vecindario, porque en Arrakatenkosilodari hay dos bandos en perpetua, pugna: los Gorresnetinlorcitios, que son labradores, y los Sepumalateroilios, que son espatadanzaris.

C. JOVEN   ¡Aguanta!

C. VIEJO   Usted comprenderá que un individuo como yo, descendiente de Aticuchimbarreneitias y Olaitosincarrincachetas no debe tratarse con Sepumalateroilios ni con Gorresnetinlorcitios.

C. JOVEN   ¡Claro! Porque se vuelve loco.

C. VIEJO   Le repito, pues, que yo vivía feliz como todo hombre que a nadie hace daño. Pero un día, cierta vieja criada, que era hija de un Berratikineitio de Lequeitio, me aseguró que entre mis ascendientes había habido un conde, según su abuelo le repitió con frecuencia en vida, y que yo podía buscar el título y usarlo en la actualidad.

C. JOVEN   Era una buena idea.

C. VIEJO   Tal la creí yo. Y por esa vanidad, común a todos los hombres, de poseer un título nobiliario, me dediqué a estudiar mi árbol genealógico.

C. JOVEN   Muy sensato.

C. VIEJO   Desde luego dejé a un lado la línea de los Aticuchimbarreneitias para comenzar siguiendo la de los Olaitosincarrincachetas.

C. JOVEN   ¿Y encontró el ascendiente noble?

C. VIEJO   Verá. Encontré, por una parte, a los abuelos de mi madre. Él, como es natural, era un

Olaitosincarrincacheta y ella una Espritzamimperrispeitia y el Espritzamimperrispeitia de su padre se hallaba casado con una Farresparilogiochitas, cuya madre, a su vez, era descendiente de un Martilminiscio, hijo natural de un Tarrisciopimientea y de una Zabiaurrechiogurrisa.

C. JOVEN   ¡Arrea!

C. VIEJO   Ahora bien; el entronque inesperado de los Tarrisciopimientea traía consigo la ascendencia de los Irigatorresgaray, que, usted no lo sabrá seguramente, descienden de los Ibardintubeitios y de los Dascomentaubaurre. Y como estos tenían una rama dirigida a los Espritzamimperrispeitia, resultaba que surgía un nuevo entronque por el matrimonio de un Ferranparrilogoichitas con una Lequeiminpotaigairas. Todo esto, por parte de mi madre.

C. JOVEN   ¡Su madre!

C. VIEJO   Quedaba mi padre, el último de los Aticuchimbarreneitias entroncados con los Corristurkakos, únicos descendientes directos de los Dorregavergesteray, que tenía, por su bisabuelo, una rama de los Tarrisciopimienteas, y por su bisabuela, una rama de los Zubiaurrechigurrisa.

C. JOVEN   ¡Jesucristo!

(*Se limpia la sudorosa frente.*)

C. VIEJO   Afortunadamente, no figuraba ningún Olaitosincarrincachetas, pues, en tal caso, por la alianza previa de los Espritzamimperrispeitias, los Olaitosincarrincachetas serían primos hermanos de los Aticuchimbarreneitias y mi padre y mi madre lo habrían sido también, por hijos y nietos, respectivamente, de los Ferranparrilogoichitas y los Ibardintubeitios.

C. JOVEN   (*Cogiéndose la cabeza con las manos*) ¡Uf!

C. VIEJO   ¿Se da usted cuenta?

C. JOVEN   Sí, sí...

C. VIEJO   Hasta allí, todo iba a la perfección. Lo terrible, lo espantoso, lo que me hace verter raudales de lágrimas, es el saber que el título nobiliario no me corresponde por culpa del falso entronque, basado en un horrendo adulterio, de los Echachiscurrosquirre, de los Lombarpinkeitíos y de los Parragurrekurteas de Vera con la rama principal de los Iztemanguevirgeray, fundamento y principio, como usted habrá visto, de los Zubiaurrechigurrisa, Parranparrilogoichitas, Espritzaminperrispeitia, Dascomentabaurre, Olaitosincarrincjetas y Aticuchimbarreneitias. ¿No está justificado mi dolor, caballero?

(EL CABALLERO JOVEN *ha perdido el conocimiento. Muere dos días más tarde, tras una agonía*

espantosa. Es preciso advertir que EL CABALLE-
RO VIEJO *es bastante tartamudo.)*

Presentación del «fakir» Rodríguez

A telón corrido, unos tramoyistas sacan una caja de metro ochenta de alta por cuarenta centímetros de ancha, decorada con vistosos colores, y la dejan en el centro del escenario. Por la derecha sale entonces EL CONSERJE.

EL CONSERJE Respetable y apiñado público: voy a tener el gusto de presentar a ustedes al «fakir» Rodríguez, que va a ejecutar varios dificilísimos trabajos de magia. El «fakir» es indio: vio las primeras luces en Bengala, y es capaz de pasar por encima de un brasero encendido sin quemarse, de tragarse una espada después de masticarla, de resistir (sin herirse) hasta doce golpes de sable, de adivinar el porvenir a cualquiera y de hacer otras cosas igualmente extraordinarias e inexplicables para la ciencia. Atención. El «fakir», que se pasa la vida metido en esta caja, se halla ahora en estado cataléptico. Comenzaré por despertarlo. *(Abre la caja, y en ella, de pie, vestido a la oriental y con los ojos cerrados, aparece el «FAKIR» Rodríguez.)* Vean: está dormido. Lo despertaré por medio de una maniobra especial.

(Saca un duro del bolsillo y lo tira al suelo.)

EL FAKIR *(Abre los ojos.)* ¡Ese duro es bueno!

EL CONSERJE ¿Puede decirme de qué acuñación?

EL FAKIR Amadeo, 1871.

EL CONSERJE Perfectamente. Me guardaré el duro, porque el «fakir», cuando se duerme, no sabe lo que hace. *(Se lo guarda.)* Ahora, «fakir», delante de estos señores, daremos principio a algunas experiencias.

EL FAKIR Como usted quiera.

EL CONSERJE El «fakir» Rodríguez, previamente descalzo, va a pasar sobre un brasero encendido sin quemarse los pies. *(Da una palmada; entra un tramoyista con un brasero encendido, lo deja en el suelo y se va.)* ¡Mucho silencio! El público no debe olvidar que el ruido más insignificante, un simple cañonazo, excita los nervios del «fakir» y le impide trabajar.

(El «FAKIR» se quita las babuchas, se recoge en sí mismo y hace unos gestos muy raros.)

EL FAKIR Sumatra rendigot sacarina Bombay.

EL CONSERJE Ésas son palabras de embrujamiento...

EL FAKIR ¡Rampoy!

(Lentamente, echa a andar hacia el brasero, y cuando llega a él pasa los pies por encima, como quien pasa un charco, y sigue andando.)

EL CONSERJE «Voilá!» (*Ovación.*) Ahora, el «fakir» va a proceder a adivinar el día en que nació un señor cualquiera.

UNO DEL PÚBLICO ¡A ver! Yo...

EL CONSERJE Muy bien. ¿Qué día cumple usted los años?

UNO DEL PÚBLICO El 10 de abril.

EL CONSERJE ¿Cuántos años tiene?

UNO DEL PÚBLICO Veintisiete.

EL CONSERJE ¡«Fakir»! ¿Qué día nació este señor?

EL FAKIR El 10 de abril de 1911.

EL CONSERJE ¿Ven ustedes? (*Ovación.*) En vista del éxito, el «fakir» va a tragarse una espada después de masticarla. Atención.

(*Saca del bolsillo un as de espadas, lo enseña al público y se lo da al «Fakir».*)

EL FAKIR ¡¡Ramploy!!

(*Se come la carta.*)

EL CONSERJE Salud para digerirlo. (*Ovación.*) Ahora, el «fakir» va a adivinar el futuro de otra persona.

UNA SEÑORA DEL PÚBLICO Yo...

EL CONSERJE Veamos. ¿Tiene usted novio, señorita?

UNA SEÑORA Sí.

EL CONSERJE ¿Se van ustedes a casar pronto?

UNA SEÑORA El año que viene.

EL CONSERJE ¿Cómo se llama su novio?

UNA SEÑORA Ricardo Álvarez.

EL CONSERJE ¡Responde, «fakir»! Di el futuro de esta señorita.

EL FAKIR El futuro de esta señorita es Ricardo Álvarez.

EL CONSERJE ¡Ya está! (*Ovación delirante.*) Y ahora, para concluir, procederemos a hacer la experiencia más sorprendente. En estado de sugestión, el «fakir» Rodríguez va a resistir cinco o seis golpes de sable sin padecer ningún dolor. ¡Sugestiónate, «fakir»!

(EL FAKIR *se autosugestiona.*)

EL FAKIR Sumatra sacadura sacarina Ceylán...

EL CONSERJE ¿Regú?

EL FAKIR Regó sogú ectoplasma.

EL CONSERJE ¿Ya?

EL FAKIR   Sí.

EL CONSERJE Dame cinco duros.

EL FAKIR   *(Se los da.)* Toma.

EL CONSERJE ¡Dame dos pesetas! *(EL FAKIR se las da.)* ¡Dame diez reales! *(EL FAKIR obedece.)* ¡Dame un duro! *(Se lo da.)* ¡Dame seis pesetas! *(Se las da. Al público, inclinándose.)* El «fakir» acaba de resistir cinco sablazos sin sufrir el menor rasguño. He aquí nuestro trabajo.

(EL FAKIR y EL CONSERJE se van para evitarse un disgusto serio.)

Esta primera edición de *teatro breve. Volumen II*,
de Enrique Jardiel Poncela, terminó de imprimirse
en febrero de dos mil veinticinco,
en Madrid.